JN252892

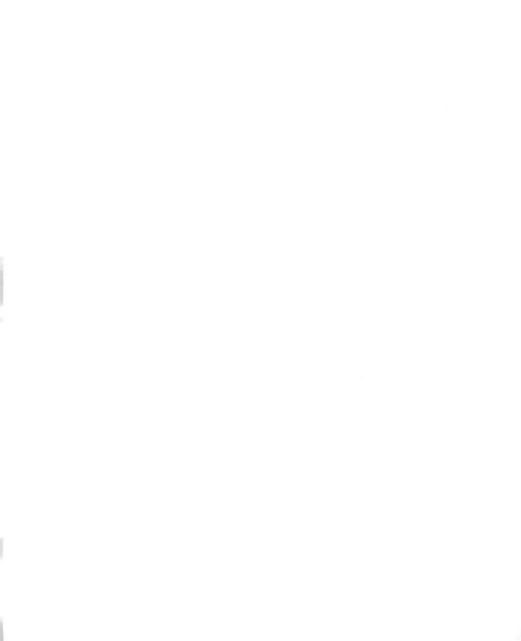

リラックマ

そばにいます

コンドウ アキ

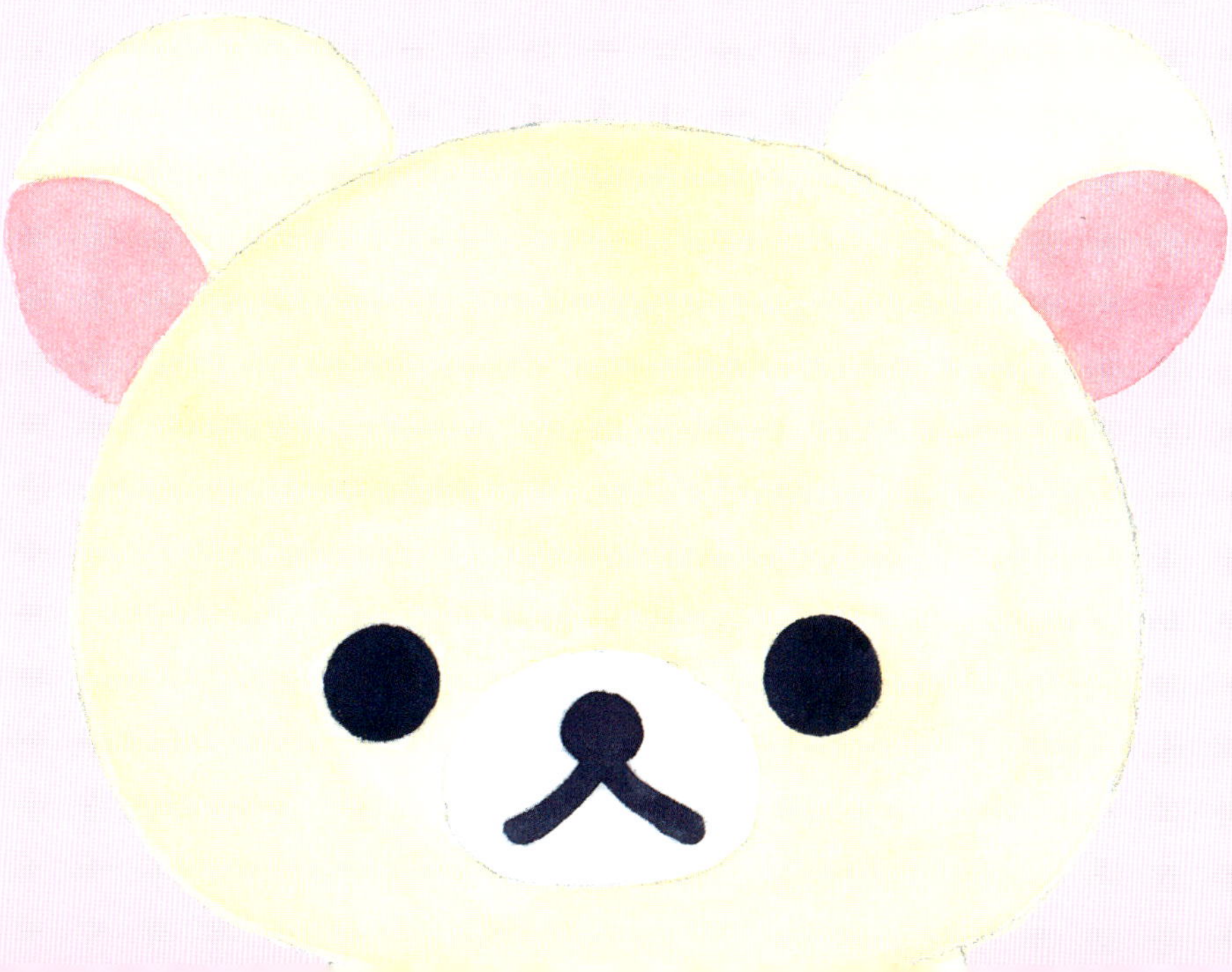

この本のよみかた

そばに置いて、好きなときに
好きなページを開きましょう。
もちろんはじめから読んでも大丈夫です。

ページを開くと、リラックマたちがいます。
いつでも、どこでも、
なんどでも、リラックマたちに
会うことができますよ。

理由は目にみえないこともあります

ものごとには
ふかくて
しんこくな
ワケが…

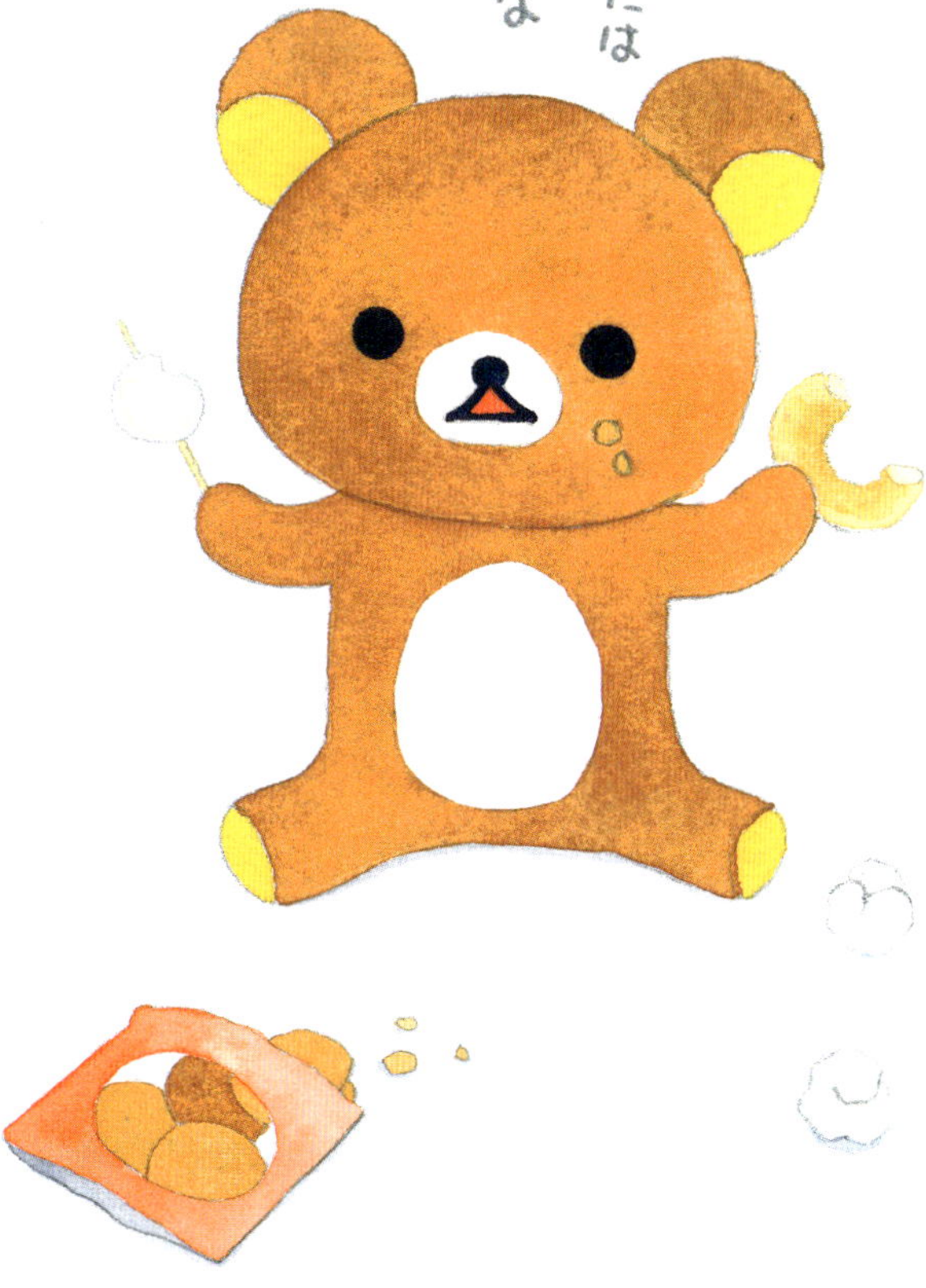

カラッとかわかしたら
軽くなりますよ

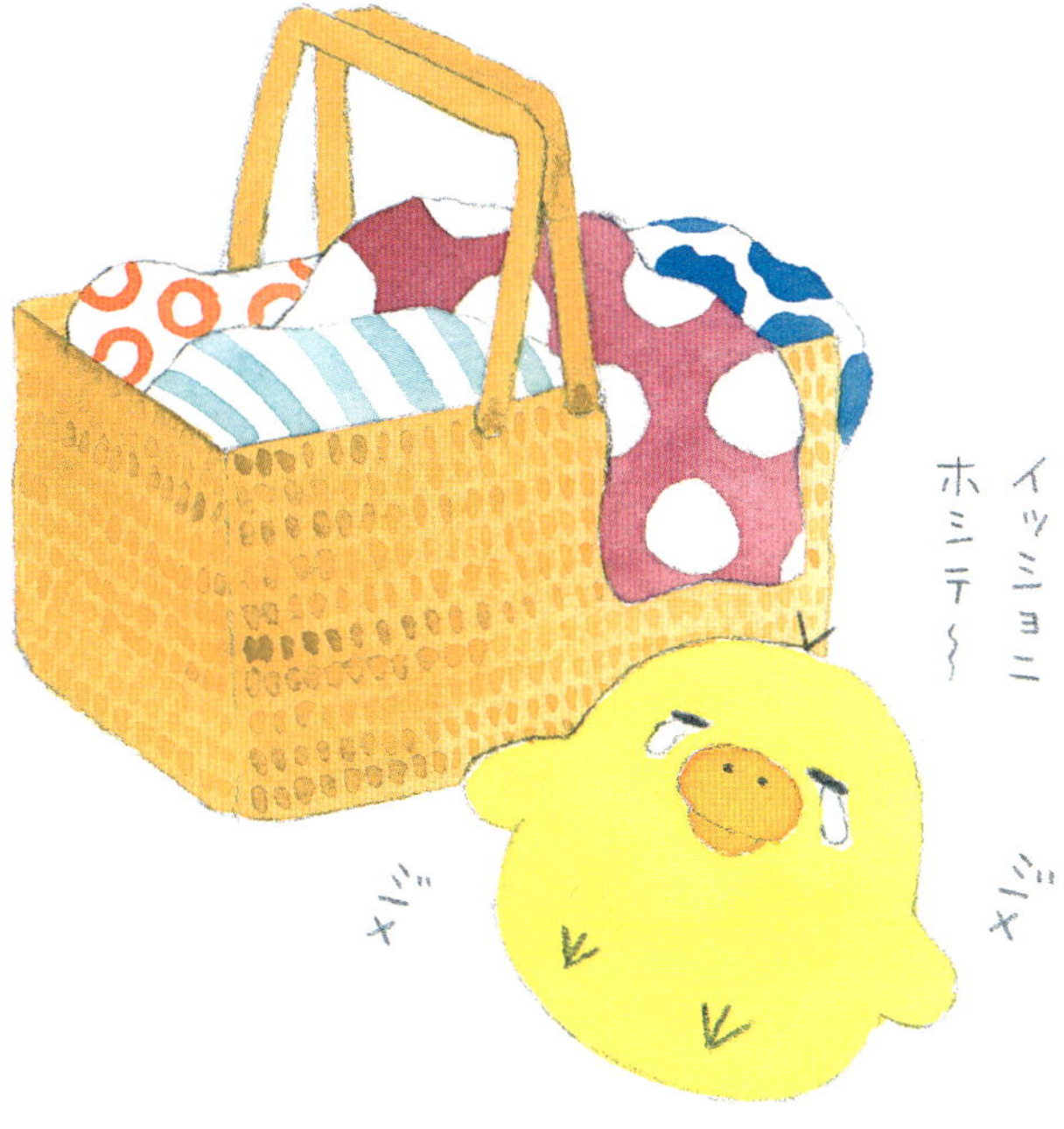
イッショニ
ホシテ〜
ジタ
ジタ

みちているときも
かけているときもあります

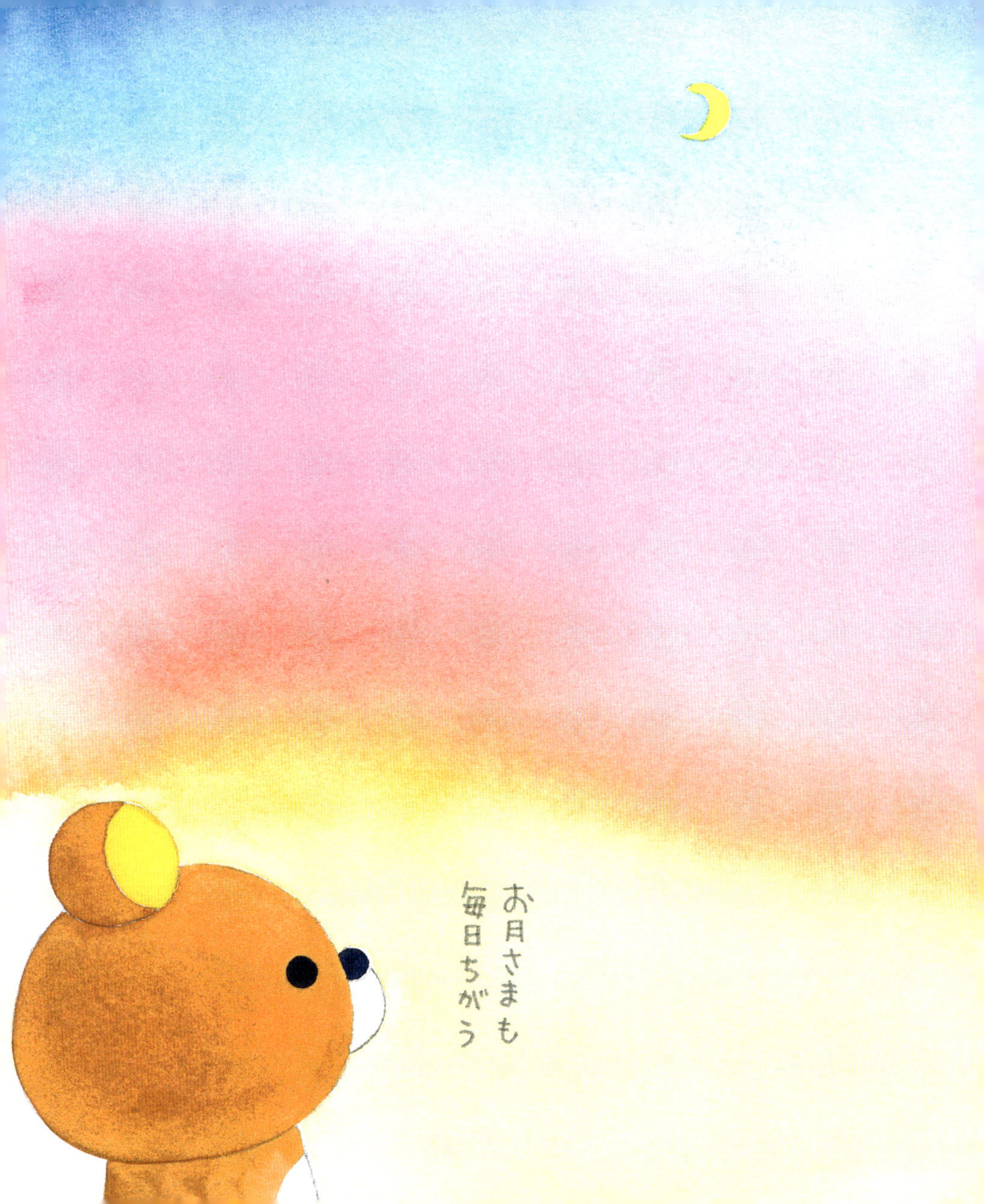

お月さまも
毎日ちがう

長くても短くても　いちにち

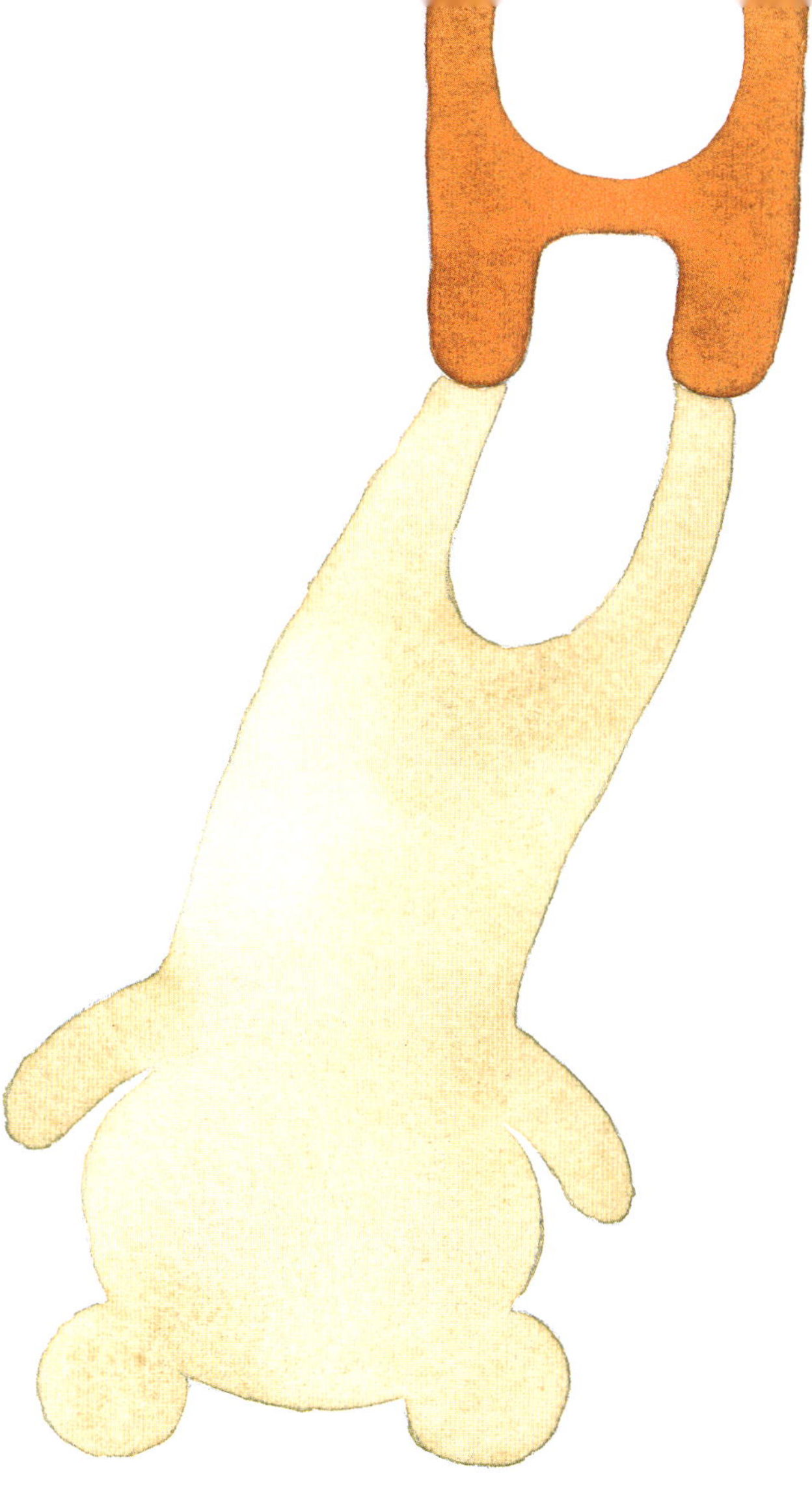

会わない時間が長くても
また会いにいけばいいんです

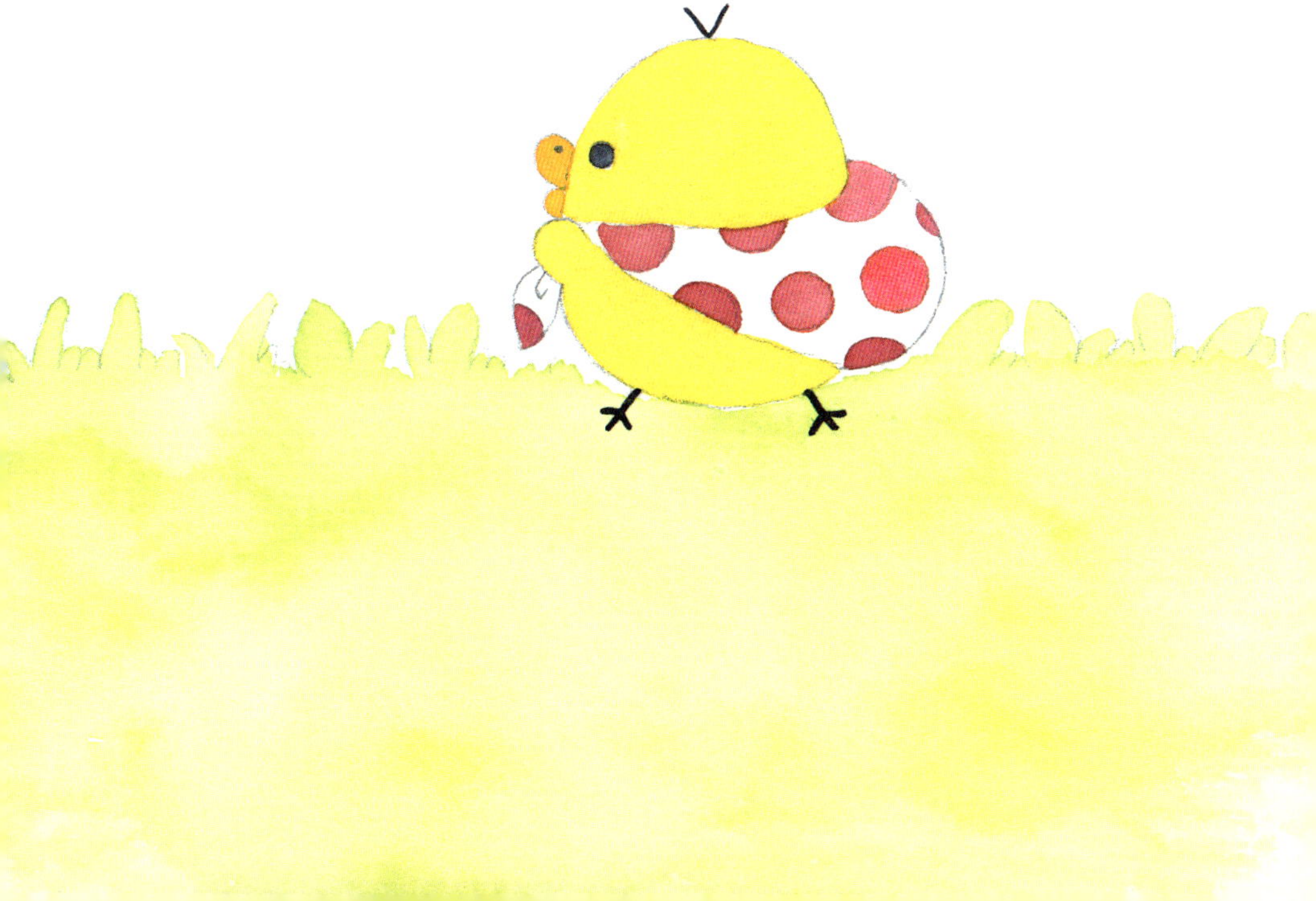

すきなものを　すきなだけ

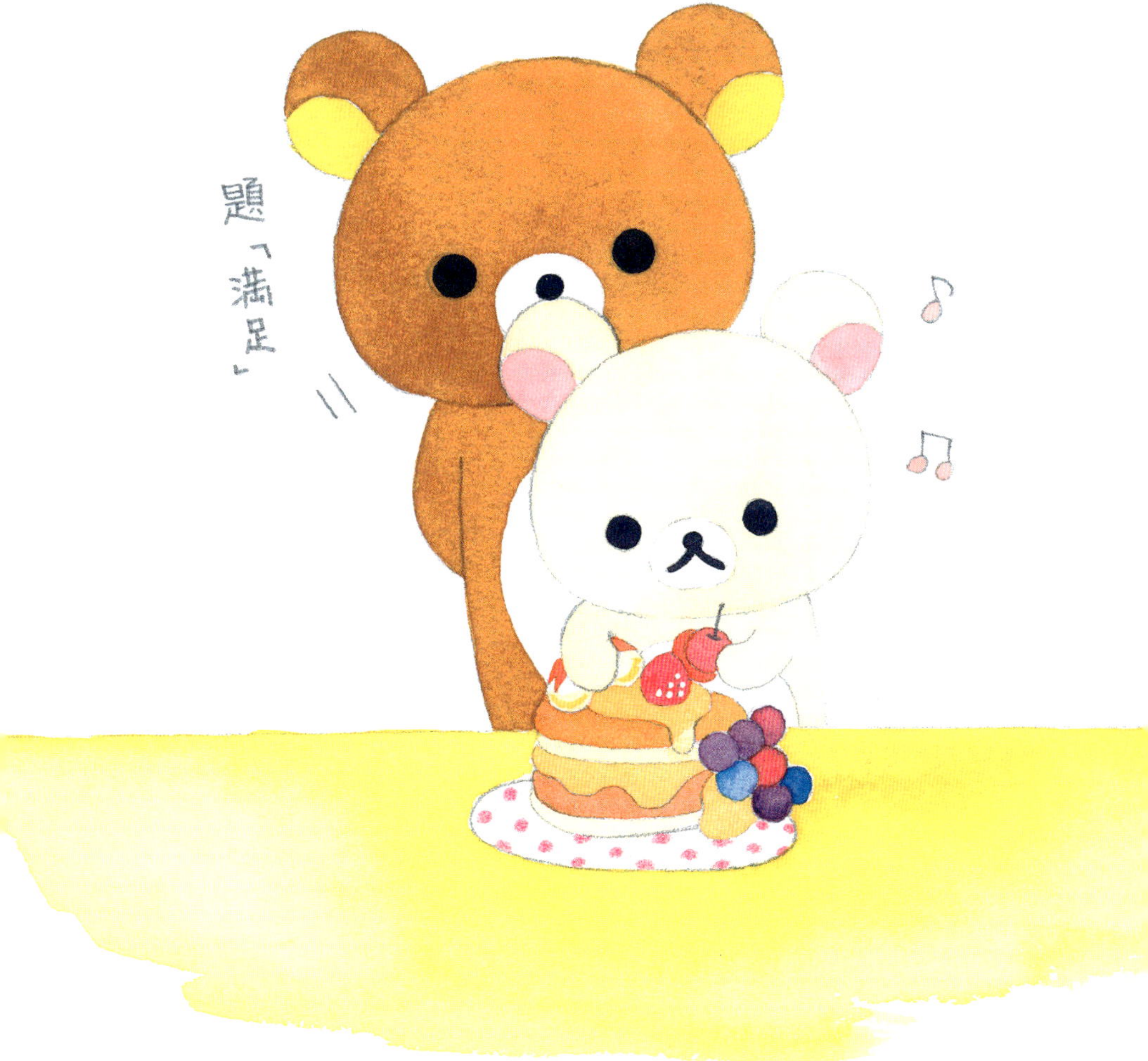
題「満足」

陽があたればいいものでも
ないですよ

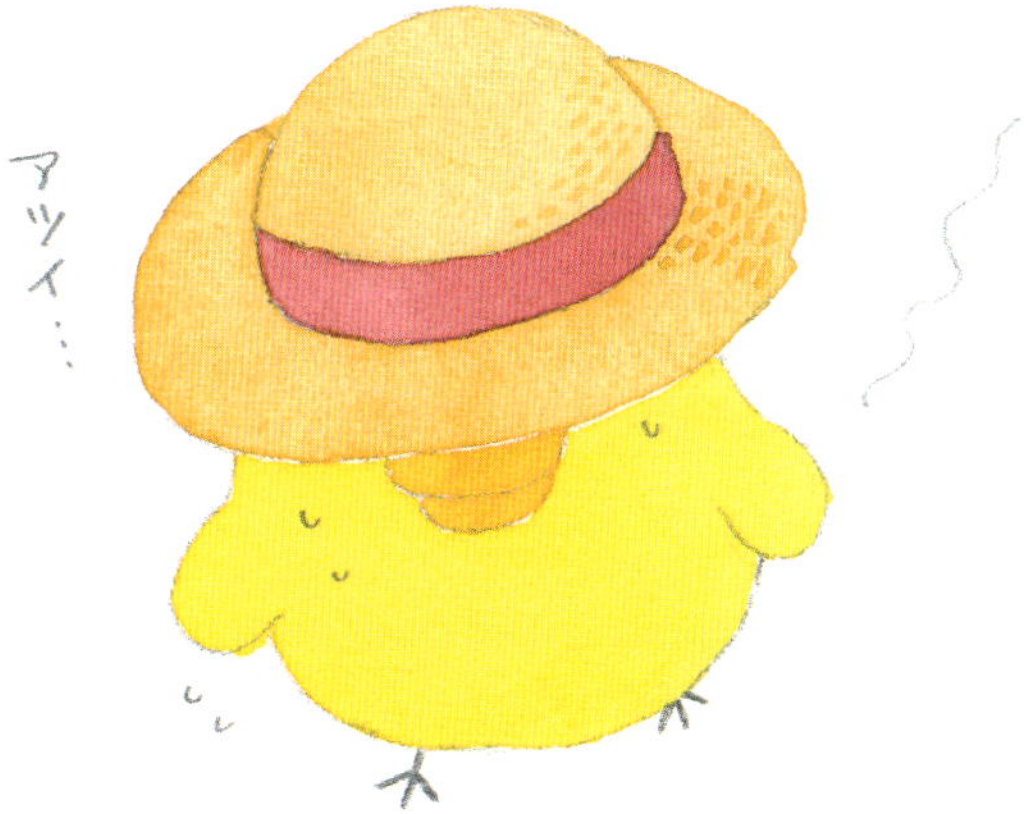
アツイ…

やる気が家出することも
ありますよ

そうさくねがいは
出してるんですが

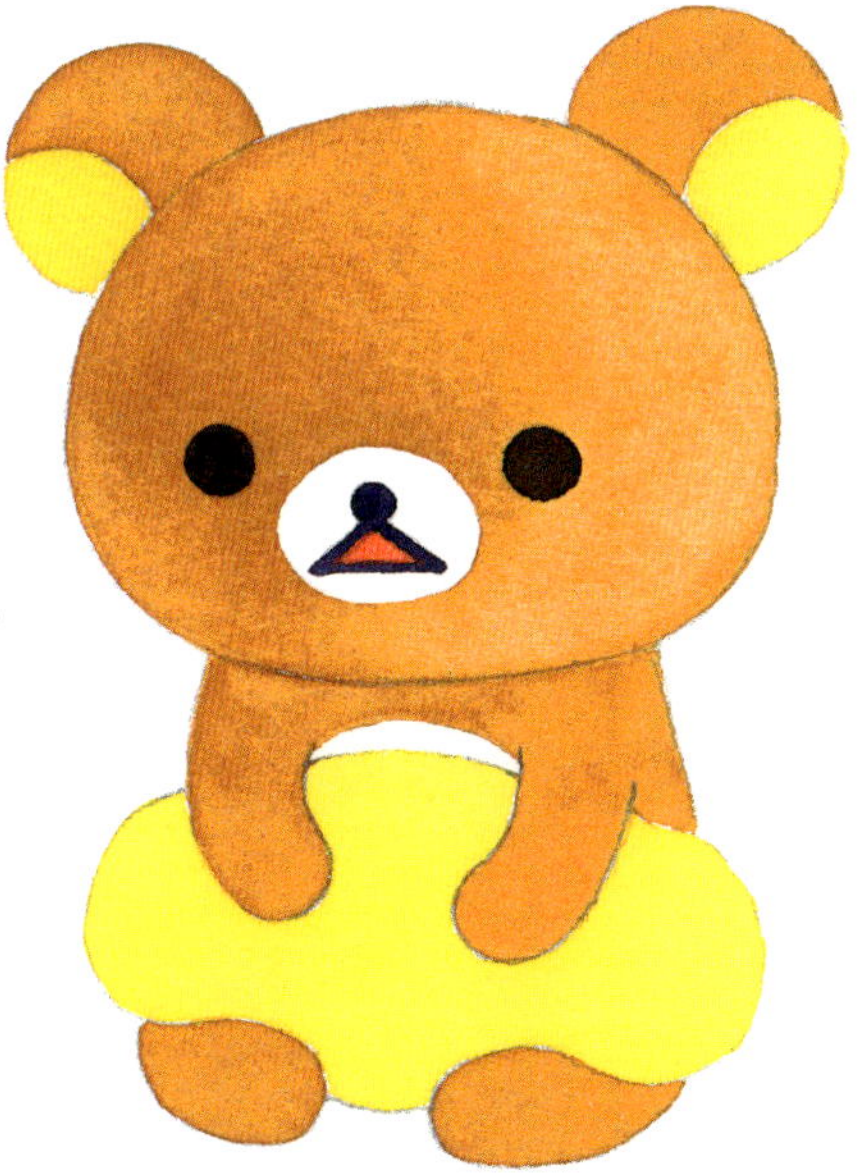

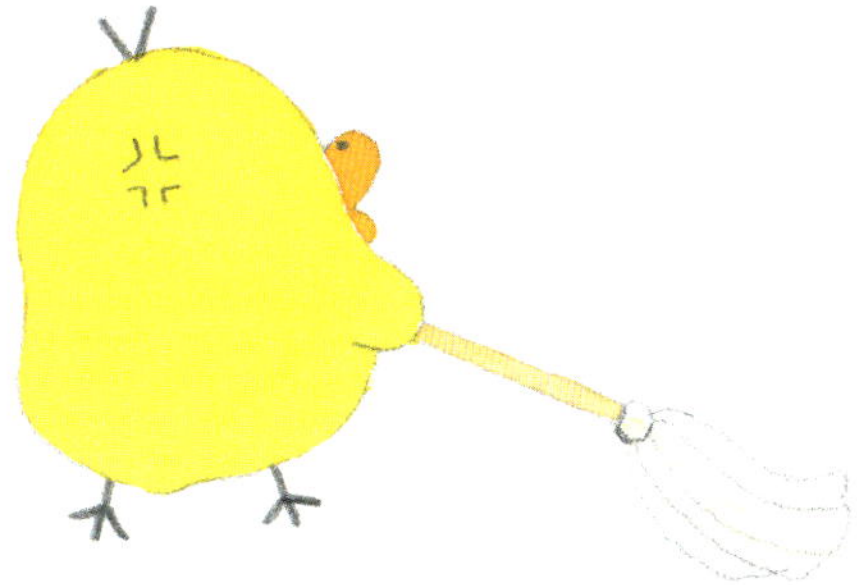

出ないんじゃありません
出られないんです

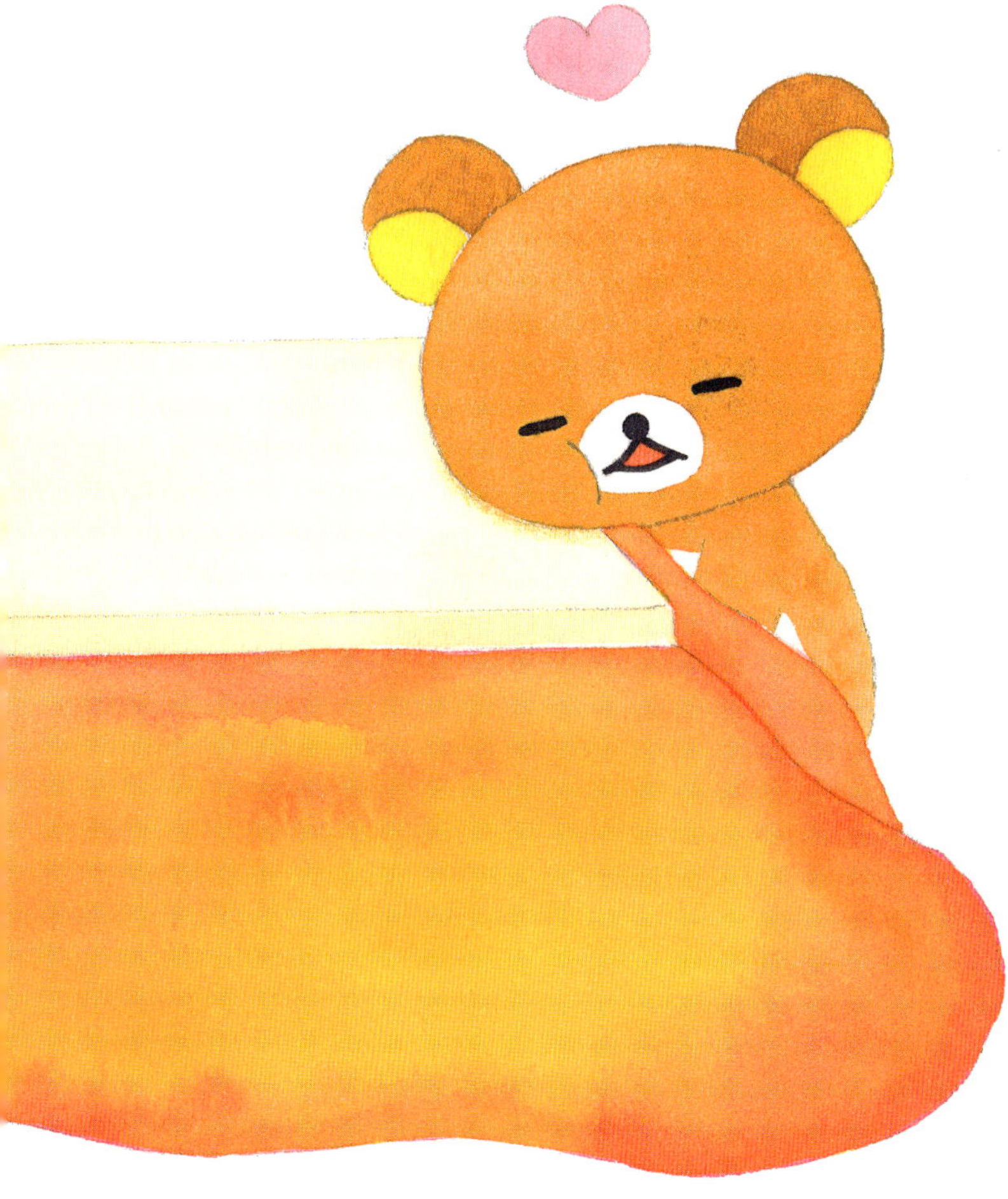

上を向くのも　下を向くのも
自由です

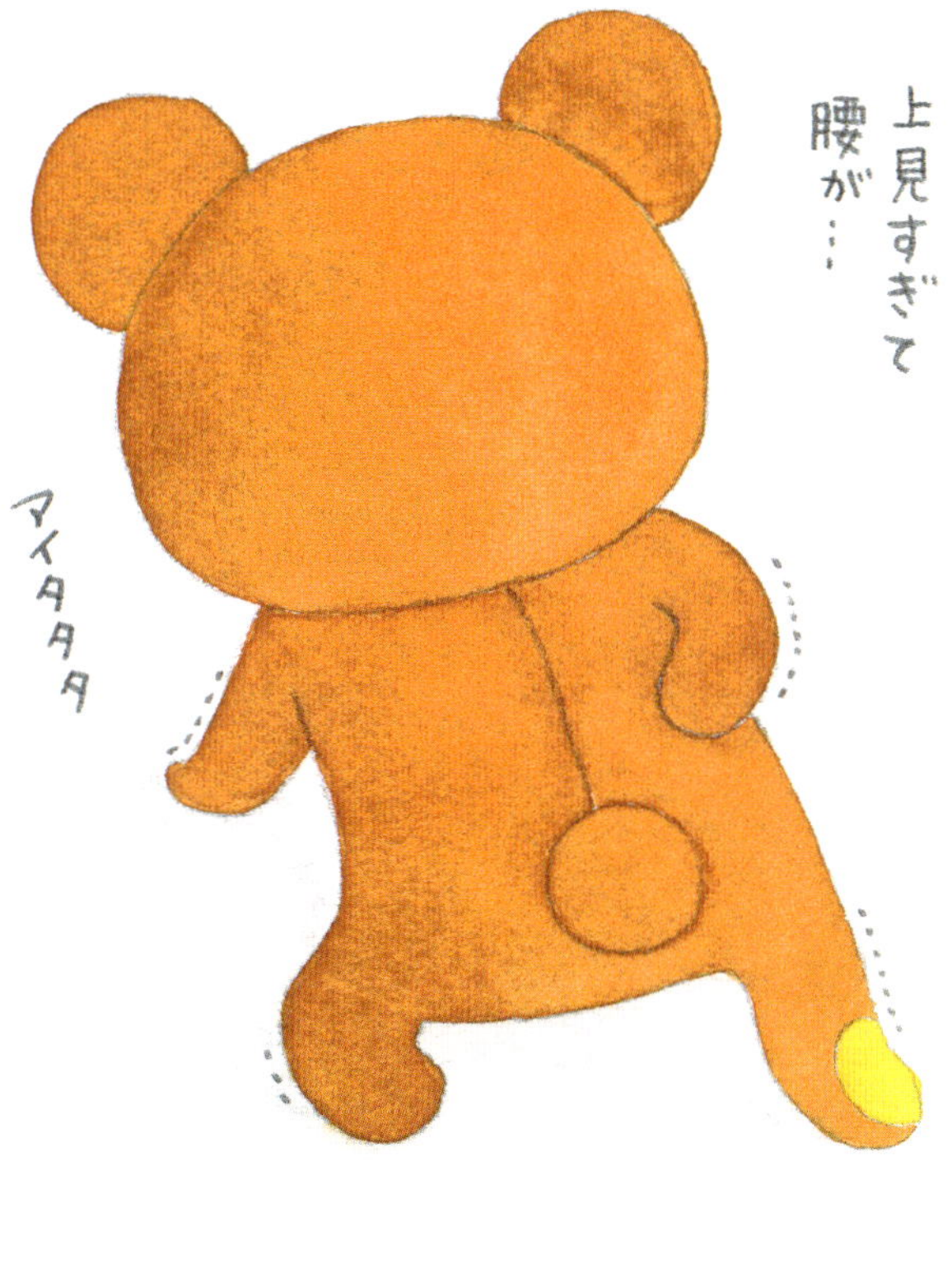
上見すぎて
腰が…
マイタタタ

なおってるのは　表面だけですから

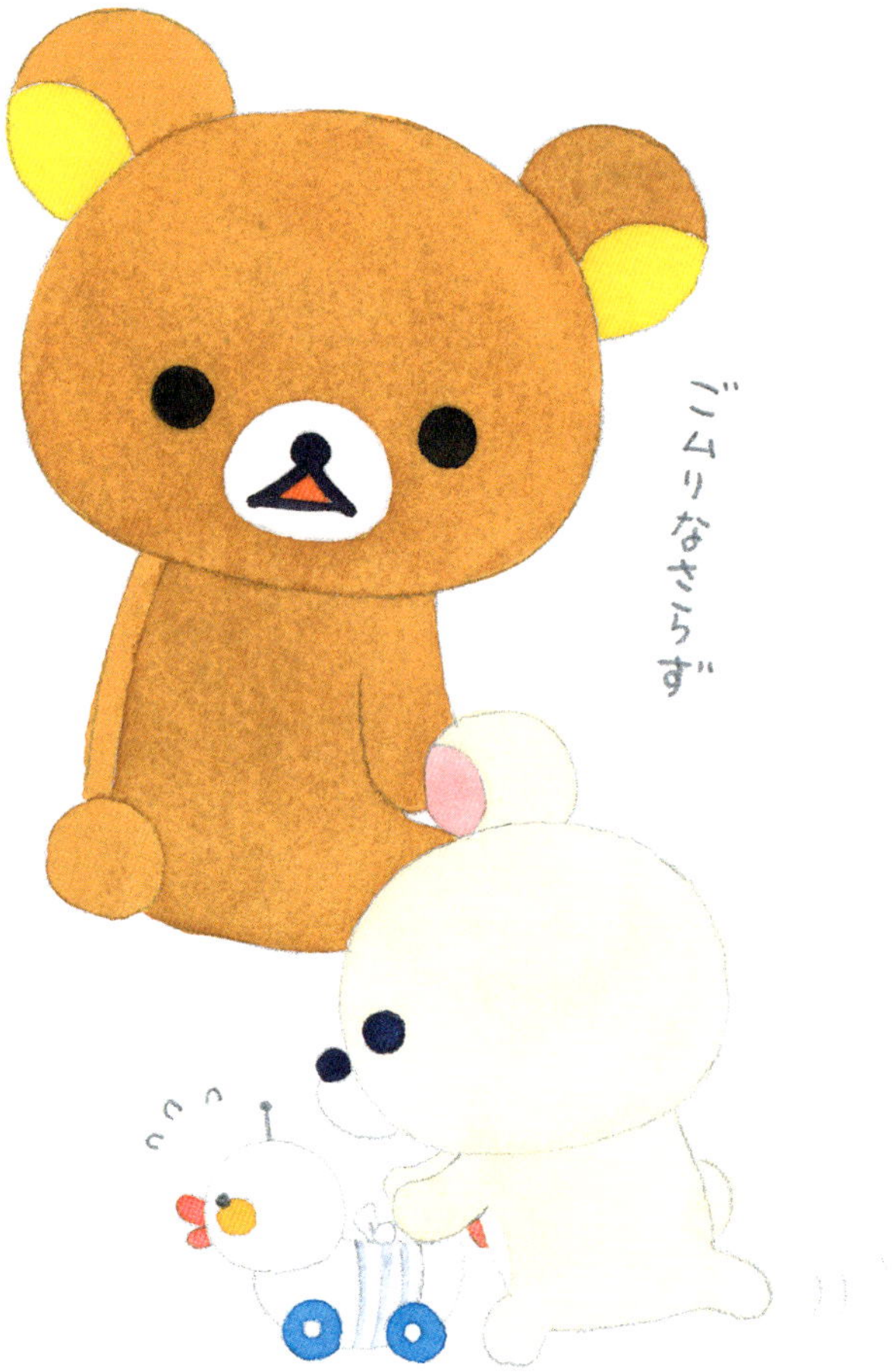
ごムりなさらず

光がよわくても
りっぱな星です

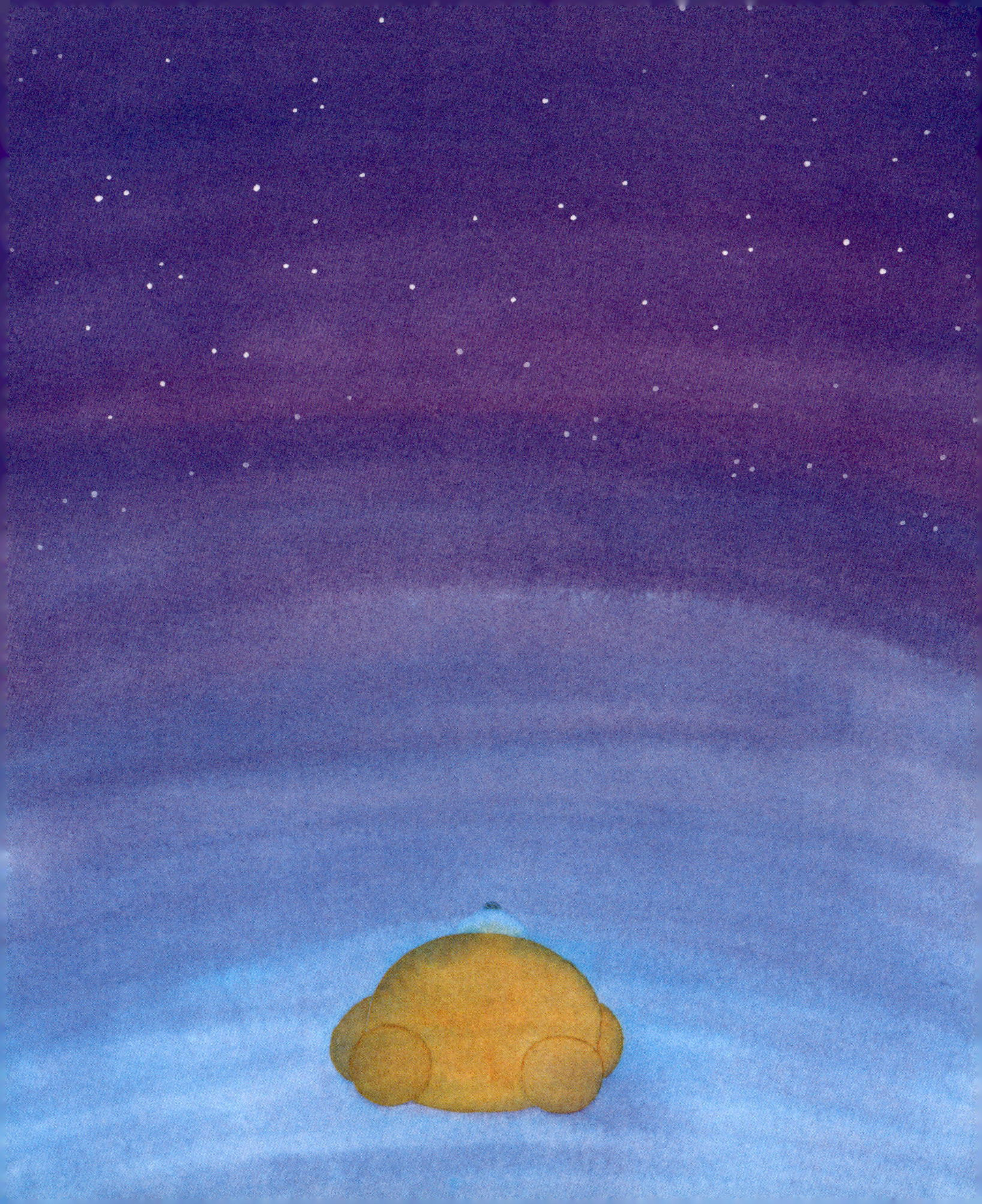

かんがえてみるだけでも
前進への一歩です

なんで今日のオヤツが
メザシ一匹なのか

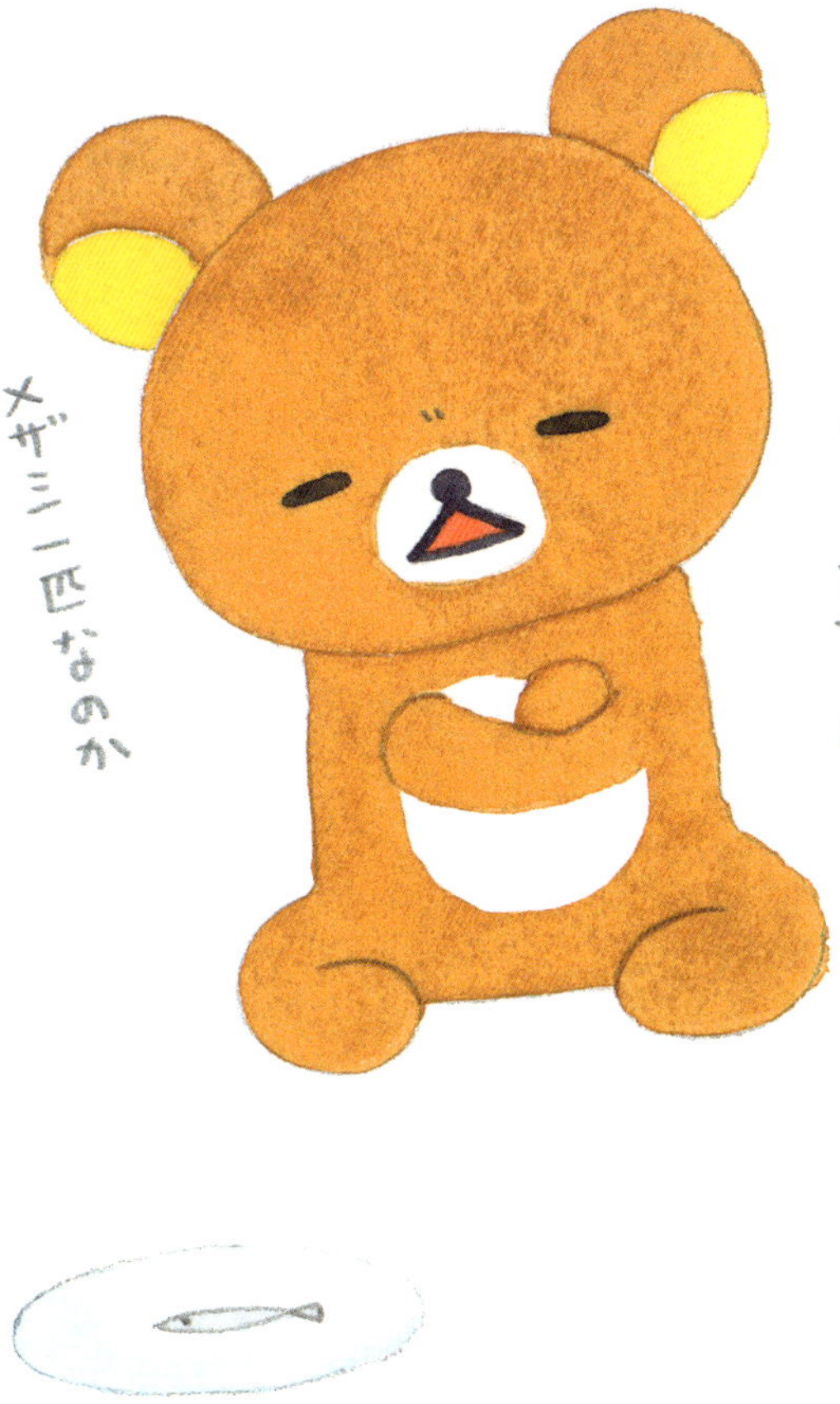

ココロがいっぱいのときは
出しちゃうといいですよ

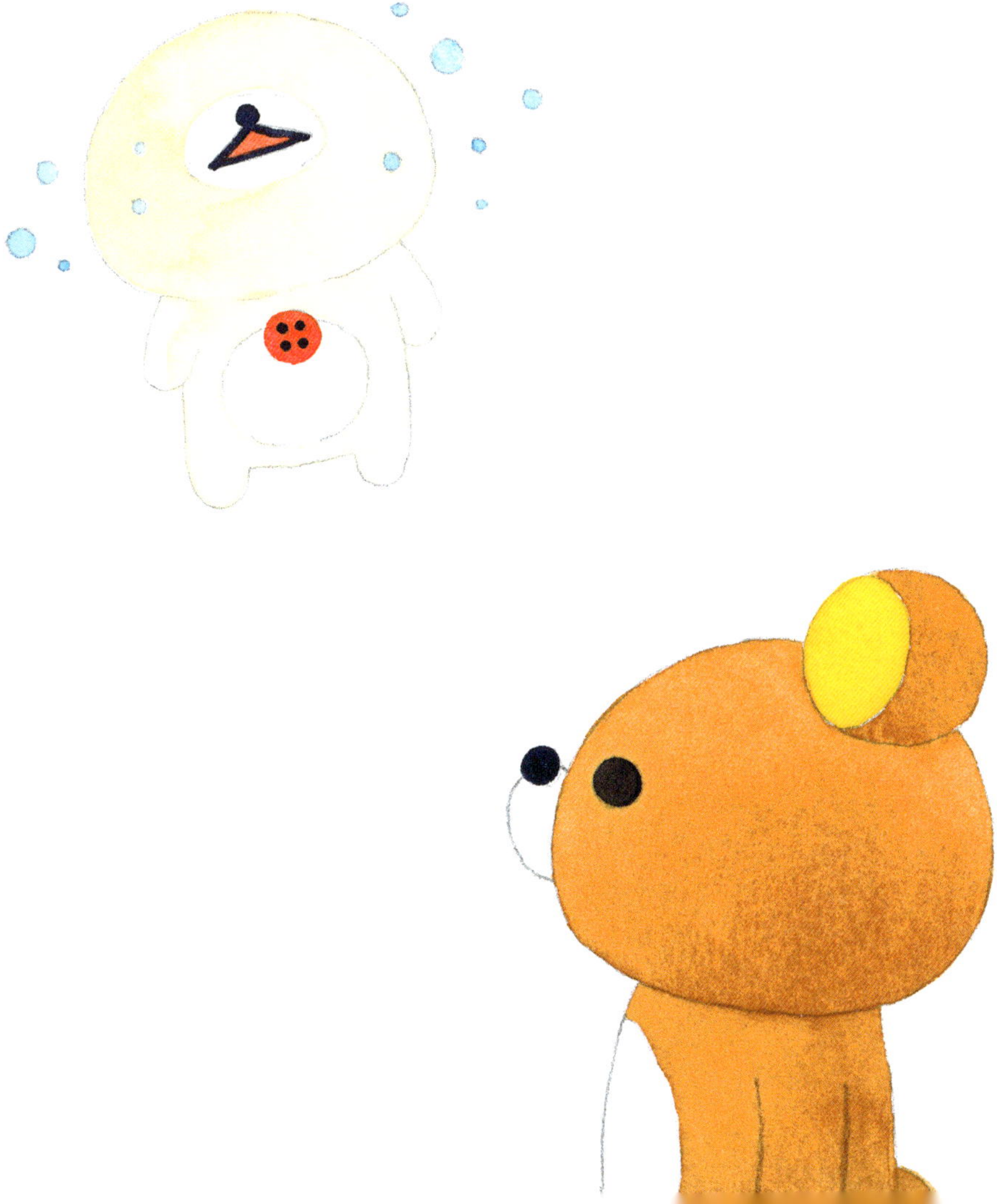

なにもしていないをしているんです

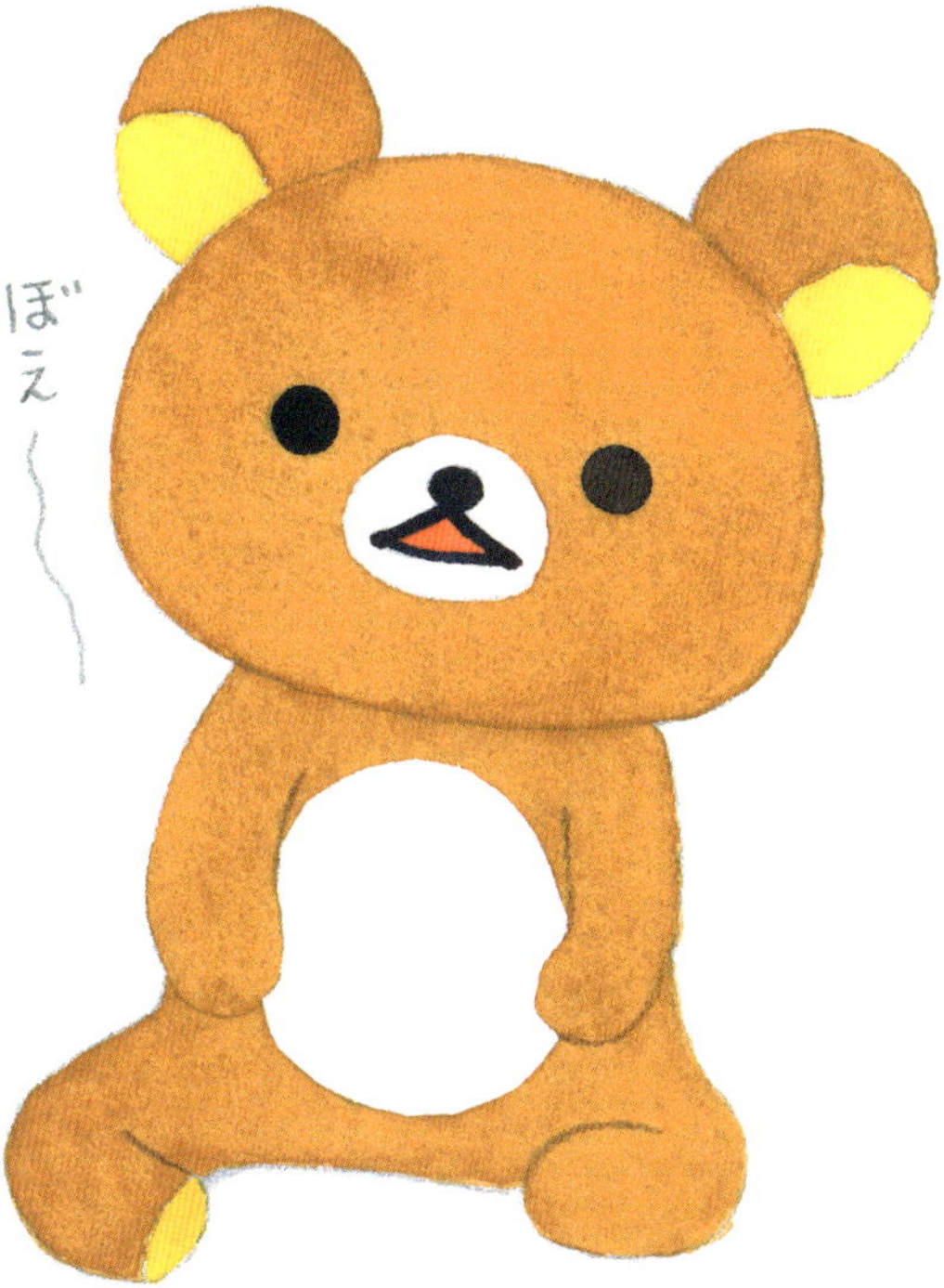
ぼえ〜

いっそ　やらないという手も
あります

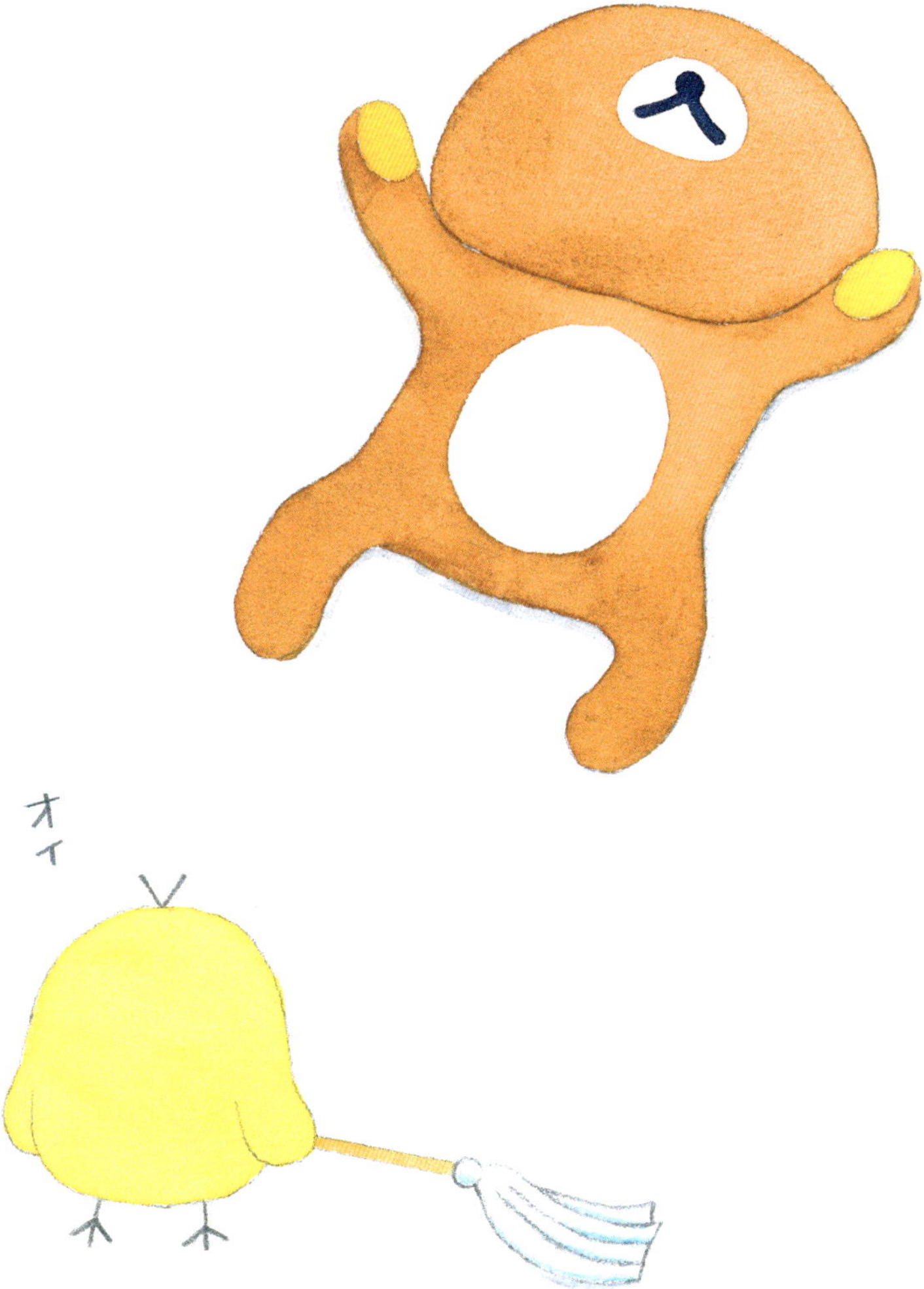
オイ

たまにやさしいくらいで
いいんです

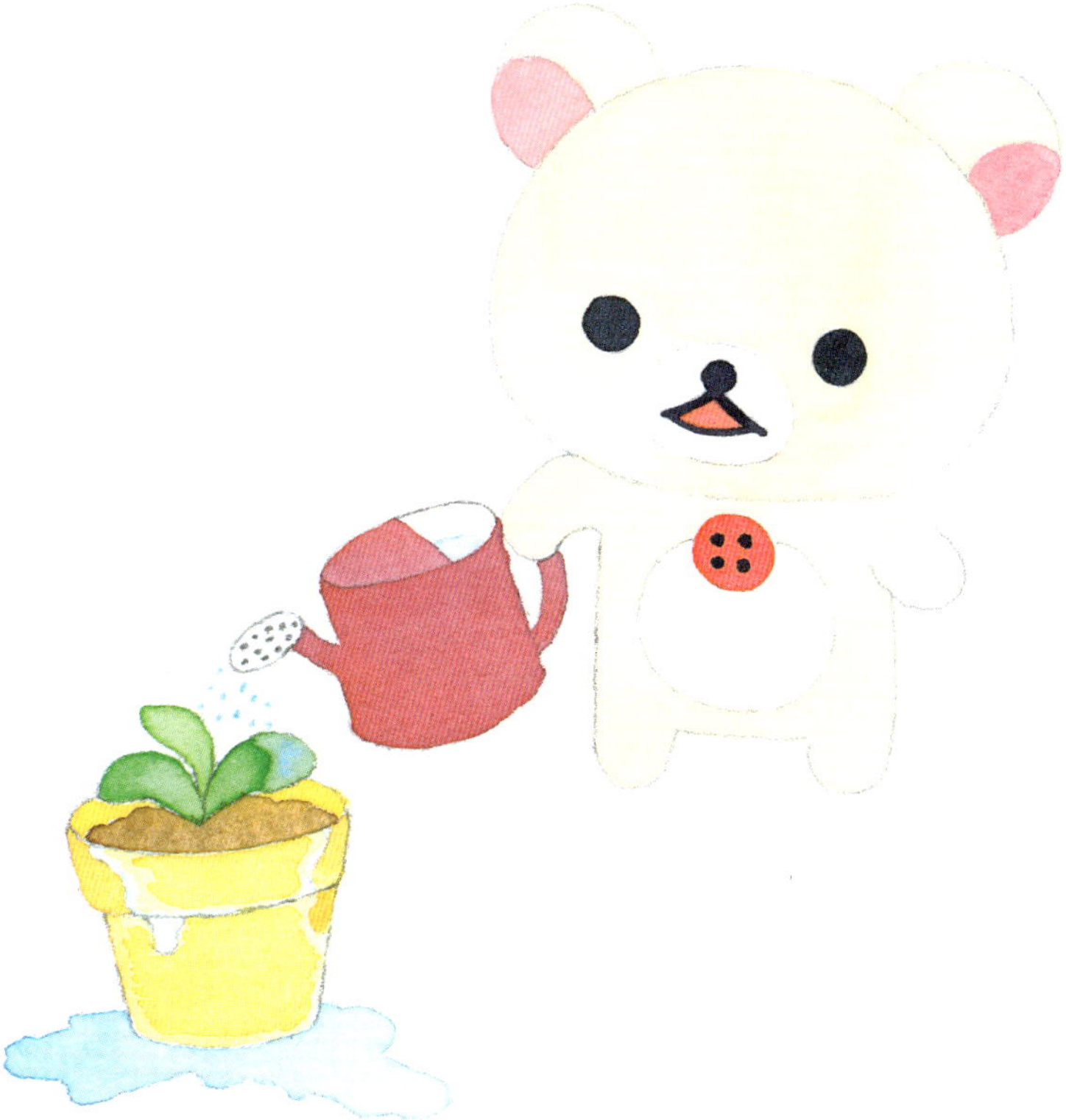

キモチはみえないから
気づかないことが多いですね

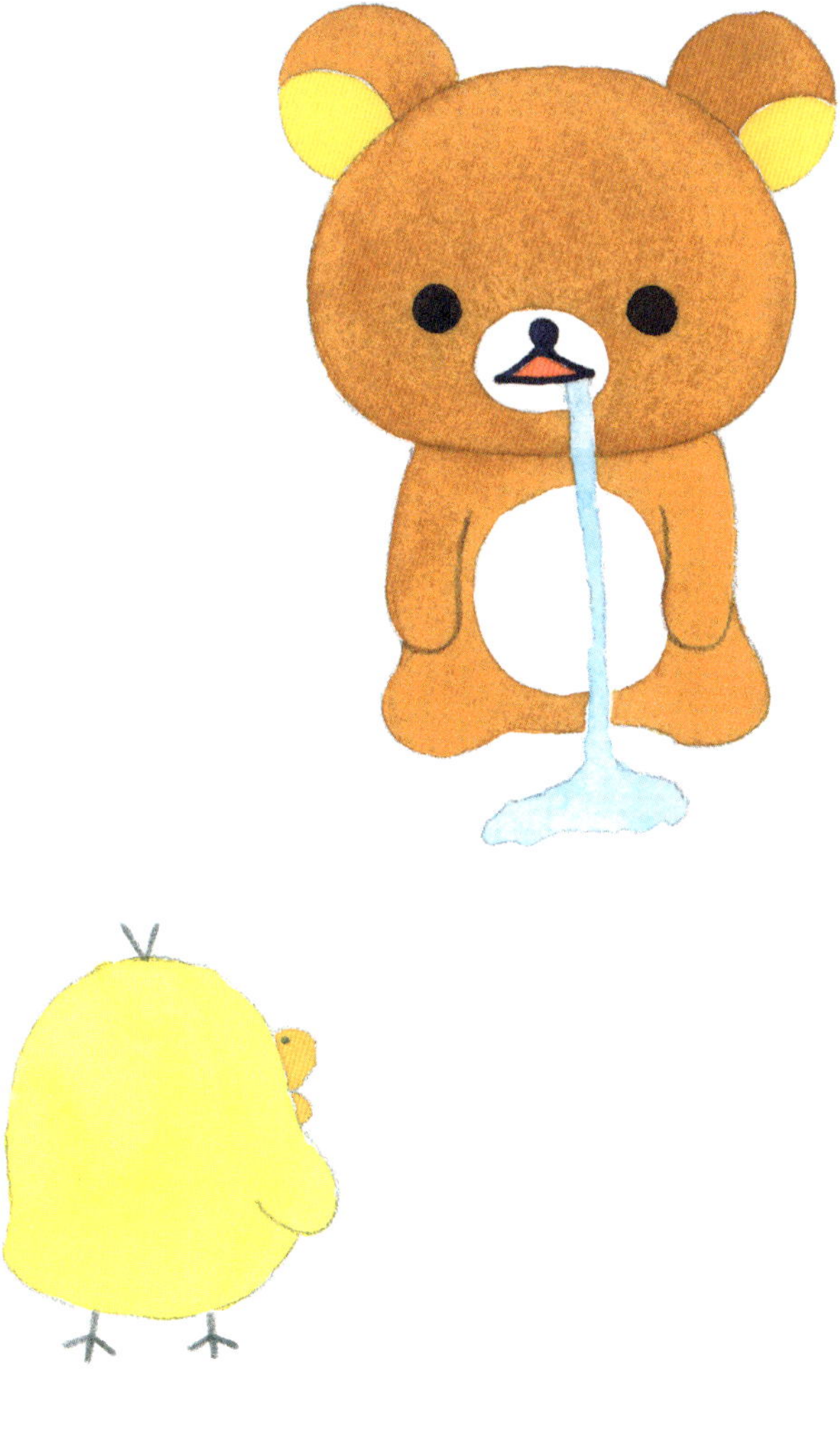

手の加え方次第で
いろんなものになれます

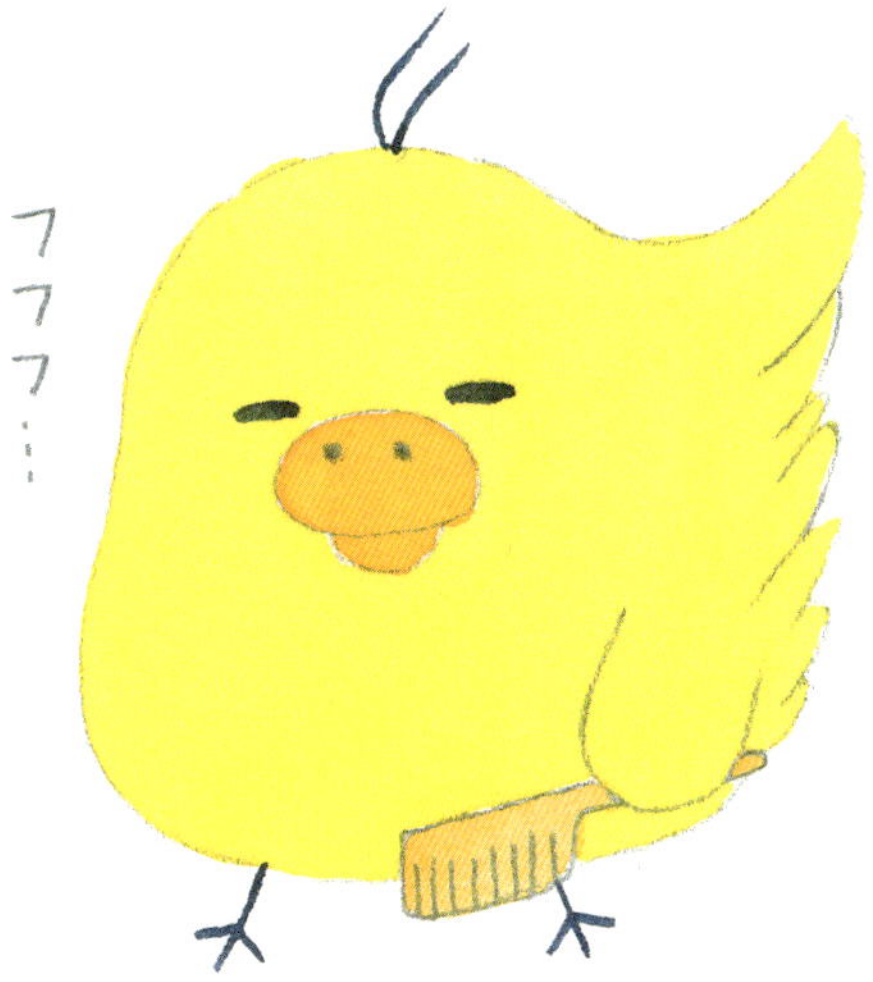
フフフ‥

なみだは
おふとんへの　きっぷ

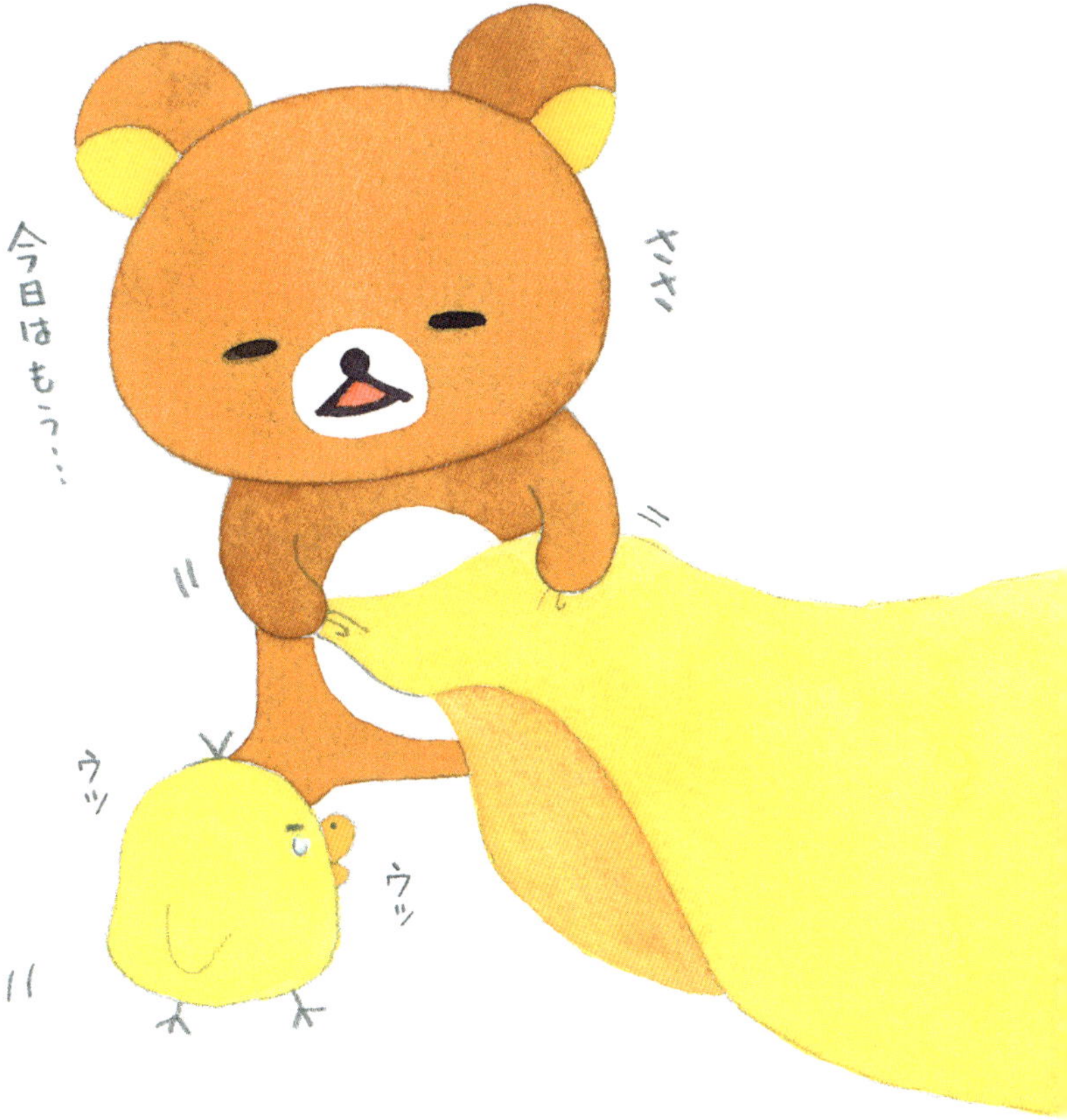

ささ
今日はもう・・・
ウッ
ウッ

だれでもどこかしらに
カケラをおいてきているんです

郵 便 は が き

お手数ですが
62円切手を
お貼りください。

104-0031

東京都中央区京橋通郵便局留
主婦と生活社 ねーねー 編集部

「リラックマ そばにいます」
係 行

ご住所 〒□□□-□□□□ ☎ − − 都・道 府・県	
Eメールアドレス： @	
フリガナ お名前	男性□ 女性□ 年齢（ ）歳 職業（学年） [ ]

★プレゼント★この愛読者ハガキをお送りいただいた方の中から抽選で50名に記念品をプレゼントします。
締切は2018年3月31日消印有効。当選者の発表は発送をもって代えさせていただきます。

愛読者カード

A. これまでリラックマの本を買ったことがありますか?

(1) 買ったことがある

・リラックマ　ここにいます　・リラックマ　いつもいます

・リラックマ生活シリーズ ＿ 冊　・4クマママンガシリーズ ＿ 冊

・その他 [　　　　　　　　　　　　　　　　　　　　]

(2) この本が初めて

B. リラックマシリーズ以外でコンドウアキさんの著書を読んだことはありますか?

・トリぺとシリーズ ＿ 冊　・うさぎのモフィシリーズ ＿ 冊

・その他 [　　　　　　　　　　　　　　　　　　　　]

・読んだことはない

C. この本の感想やリラックマの本に関する希望、こんな作家の本が読みたいなど、ご自由にお書きください。

● お名前・住所など個人を特定できる情報は絶対に公開しないことを条件にこのはがきのコメントを本書の宣伝に使用してもよろしいですか?

[使用してもよい・使用しないでほしい]

※このはがきの内容を本書の宣伝・広告に使用させていただく場合は、必ず匿名としお名前・住所等の個人情報は絶対に公開しません。

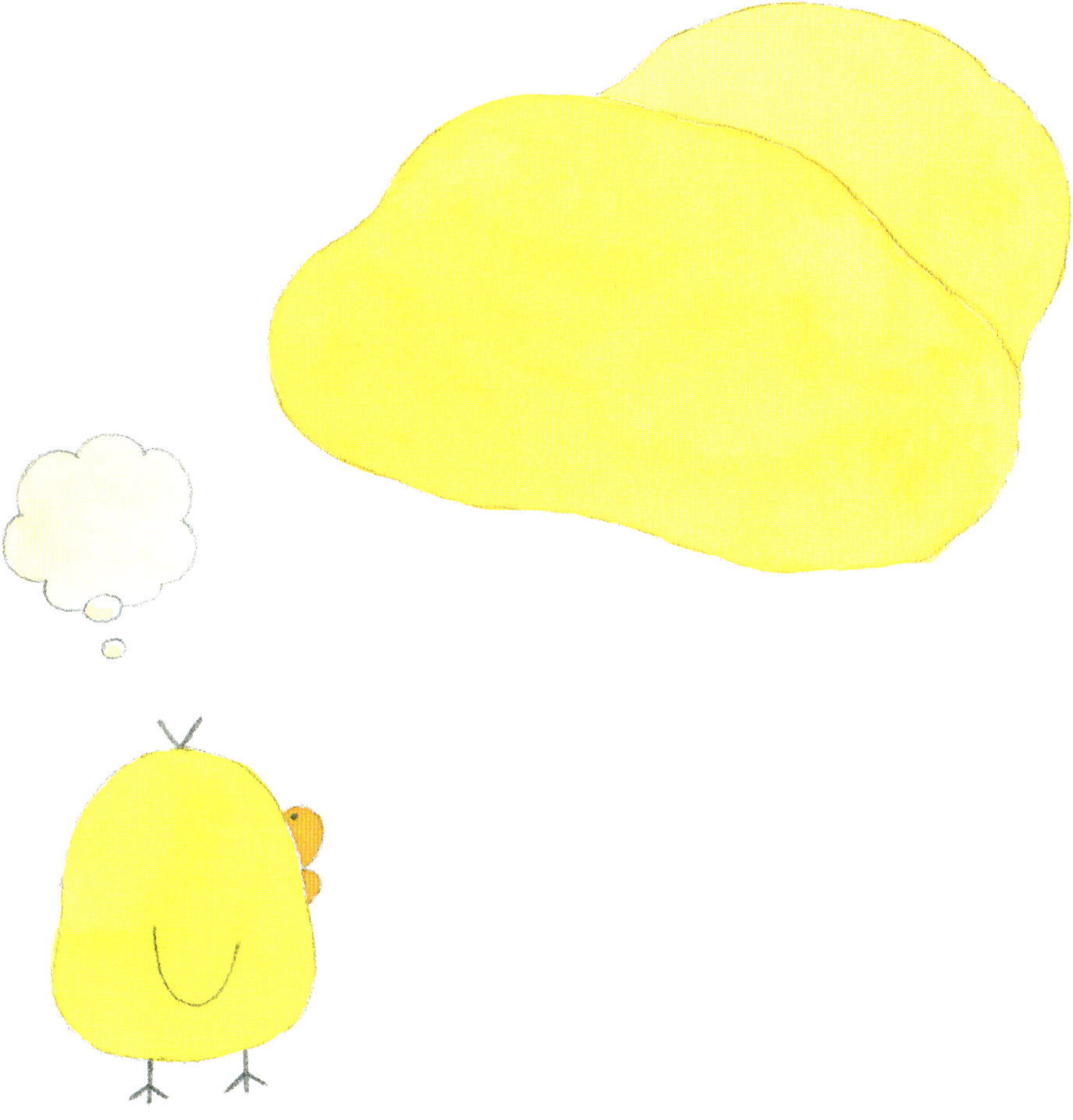

ごきげんを補給しましょう

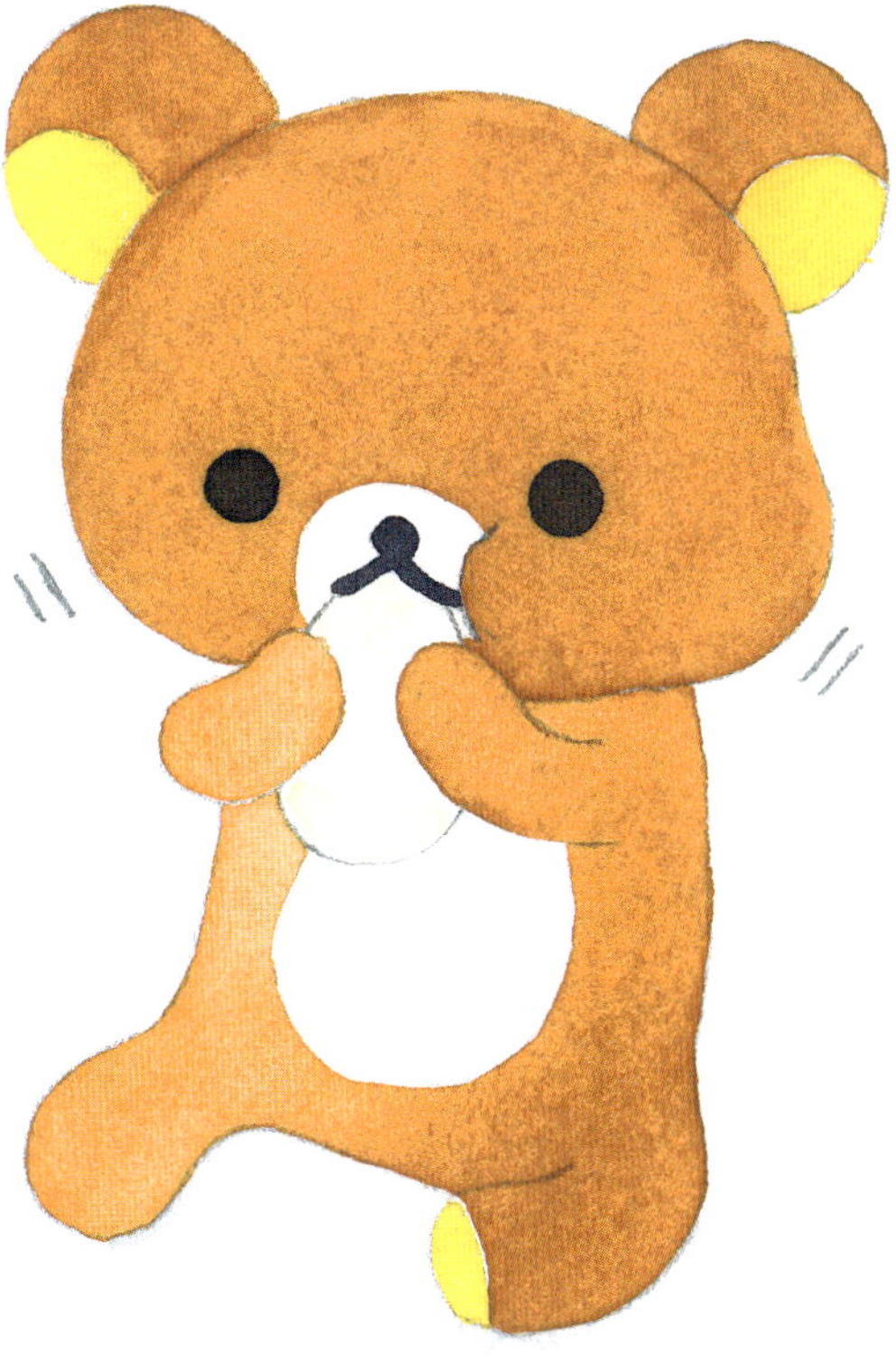

気弱なときは
甘やかしタイムです

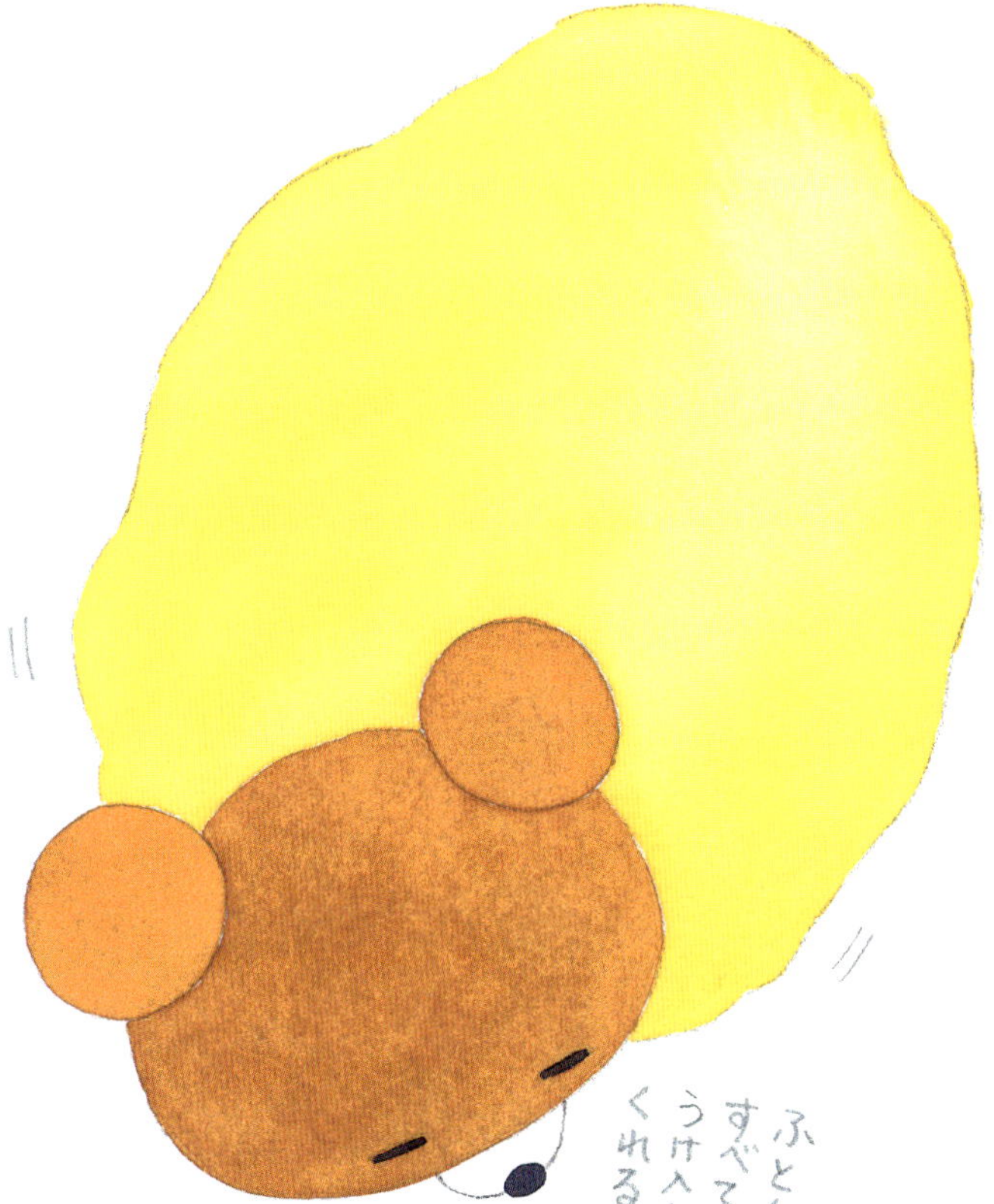

ふとんは
すべてを
うけ入れて
くれる…

しかめっ面は　つかれますよ

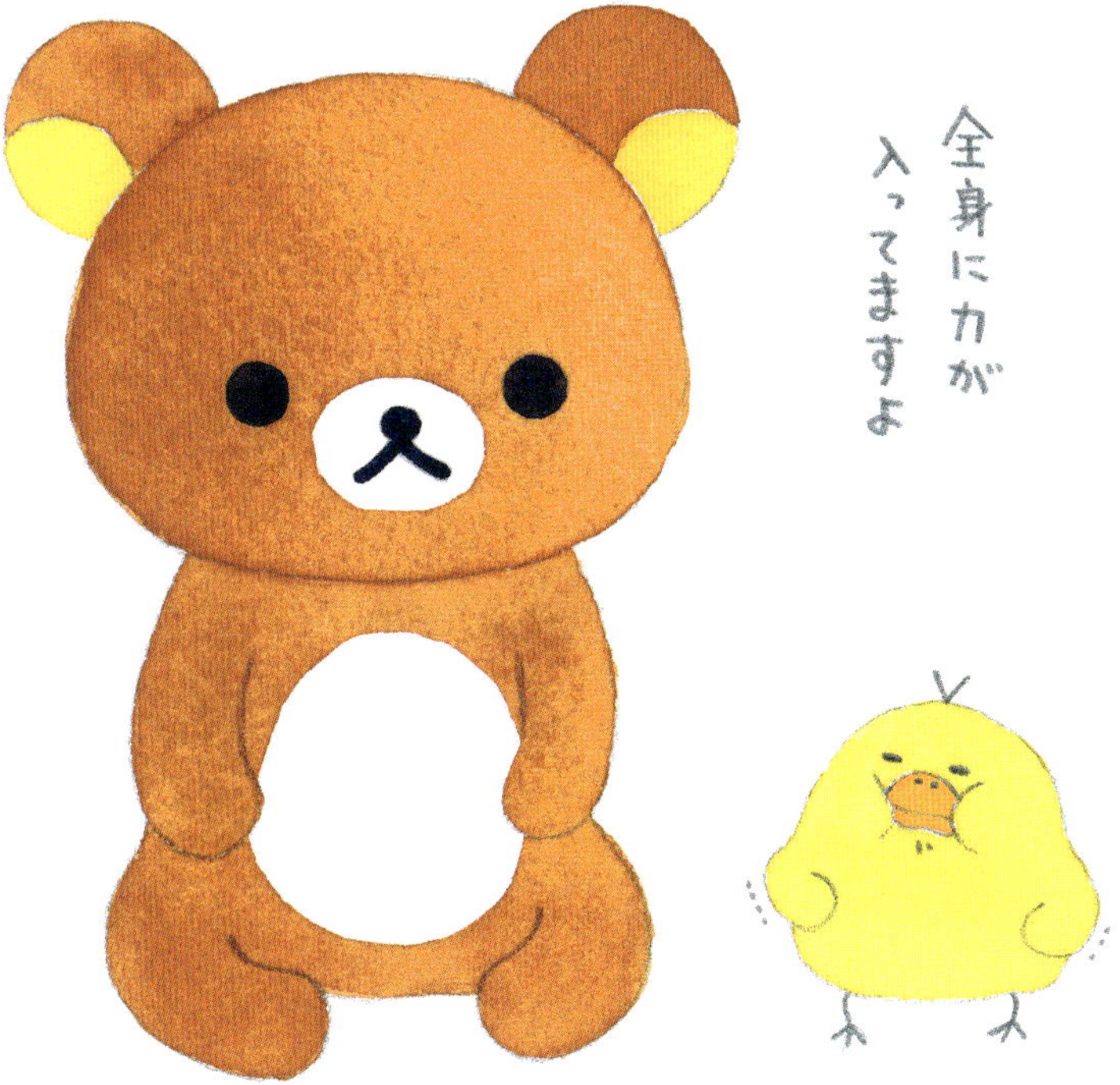
全身に力が入ってますよ

ためこんでいるあいだに
かわってしまうのですね

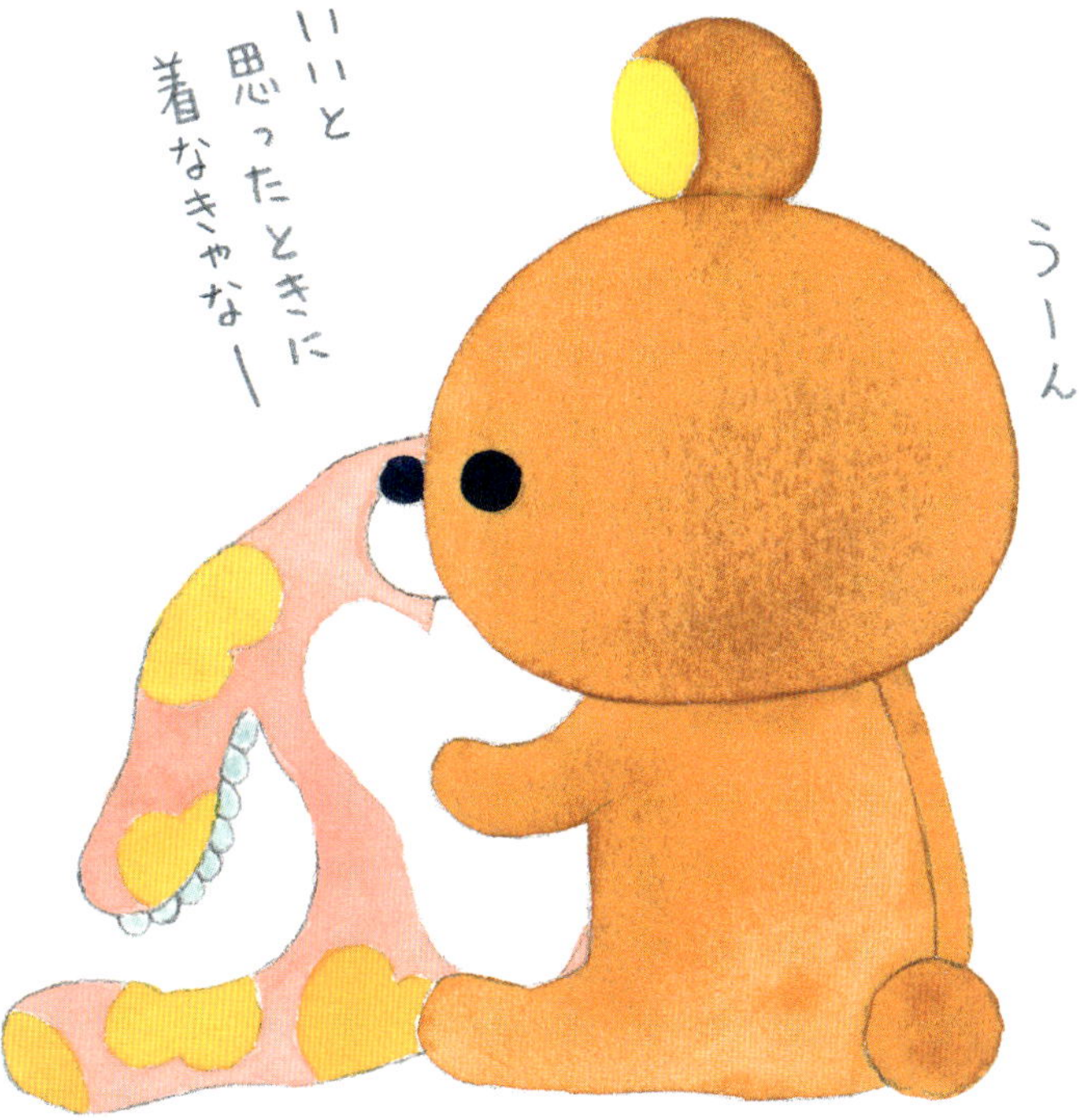
うーん
いいと
思ったときに
着なきゃなー

あわてても
流れる時間は早くなりません

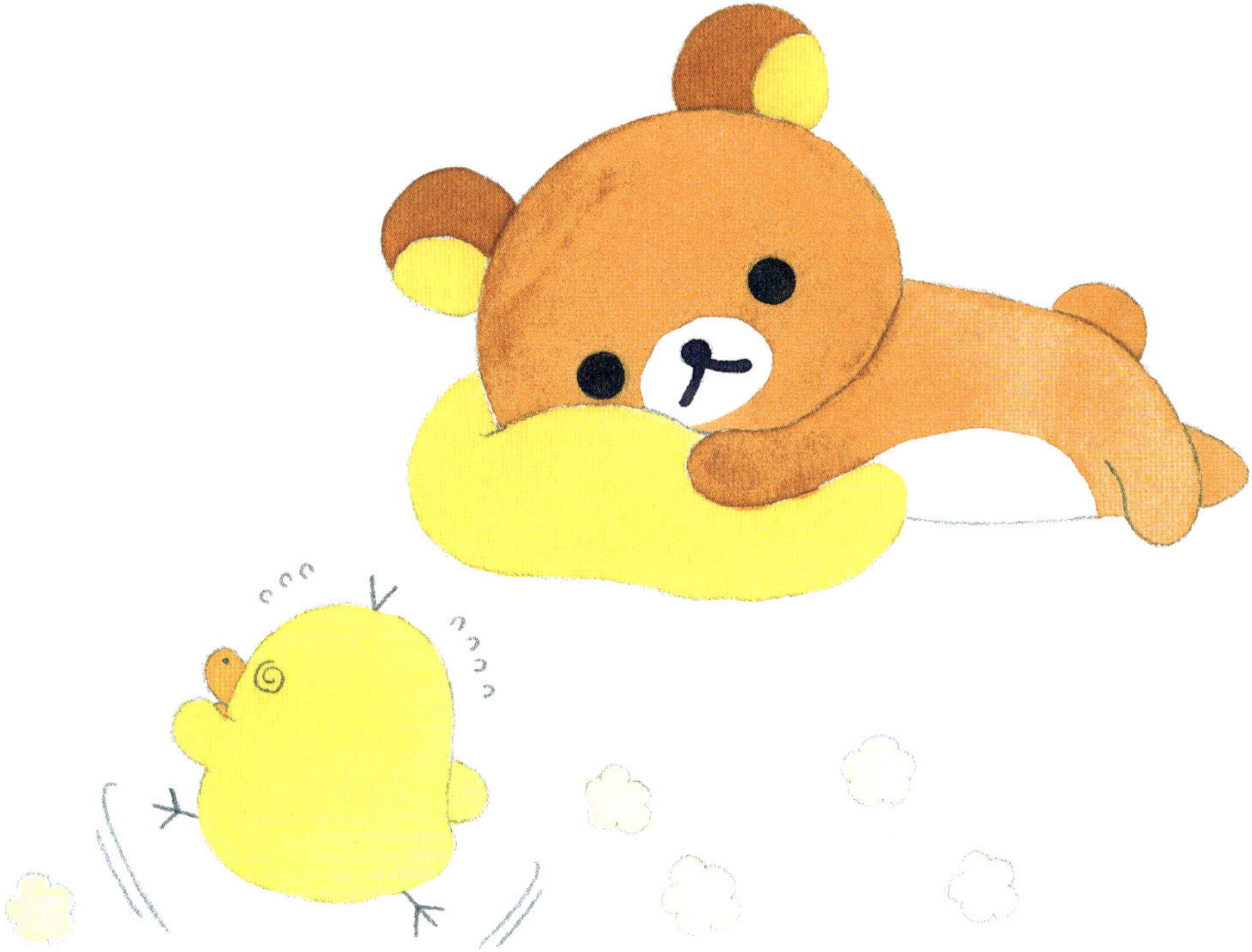

怒っているワケは
涙でみえなくなりがちです

なにか
怒っているの
ですね・・

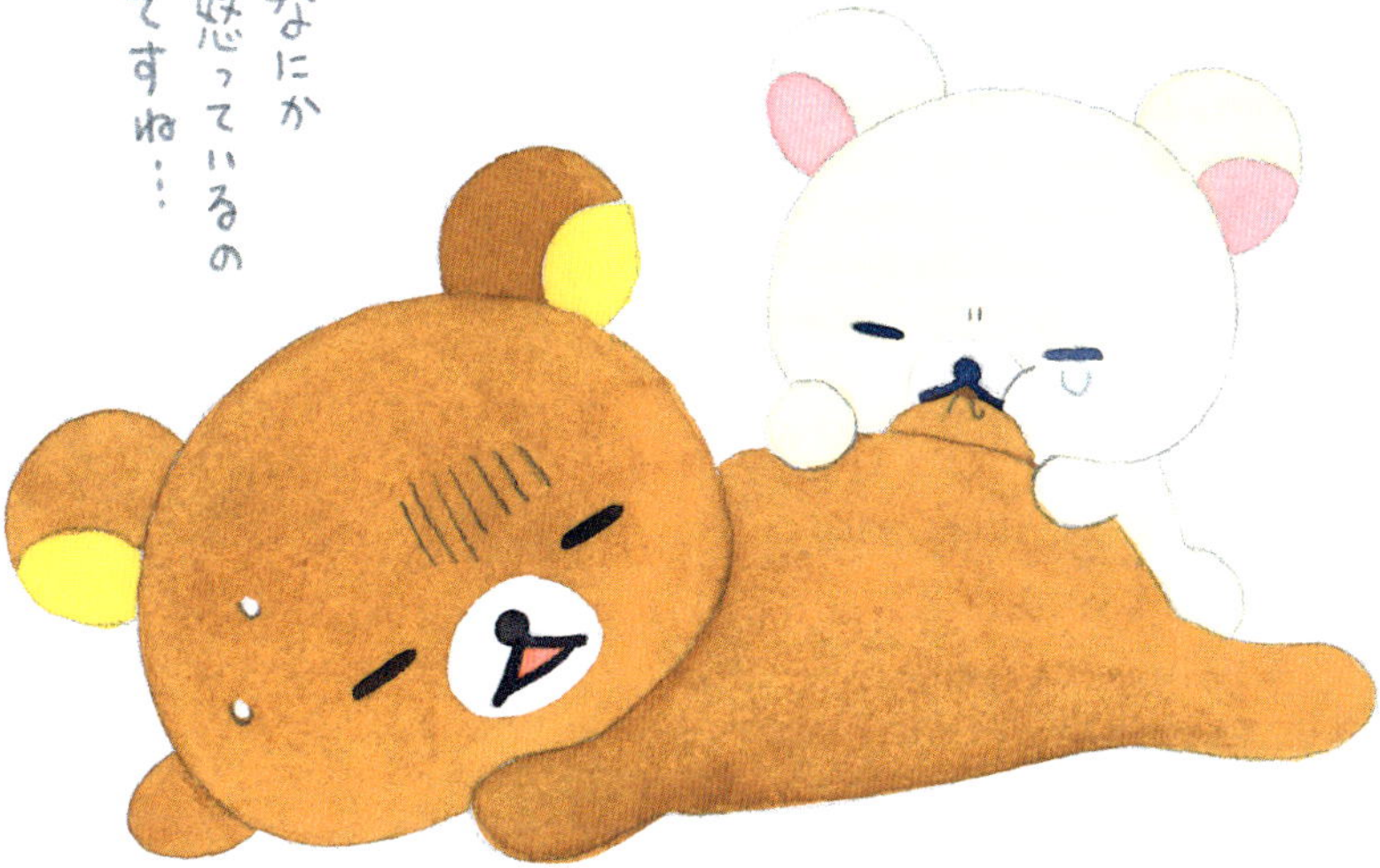

足も　気が向かないと
いってますので

多数決で家にいます

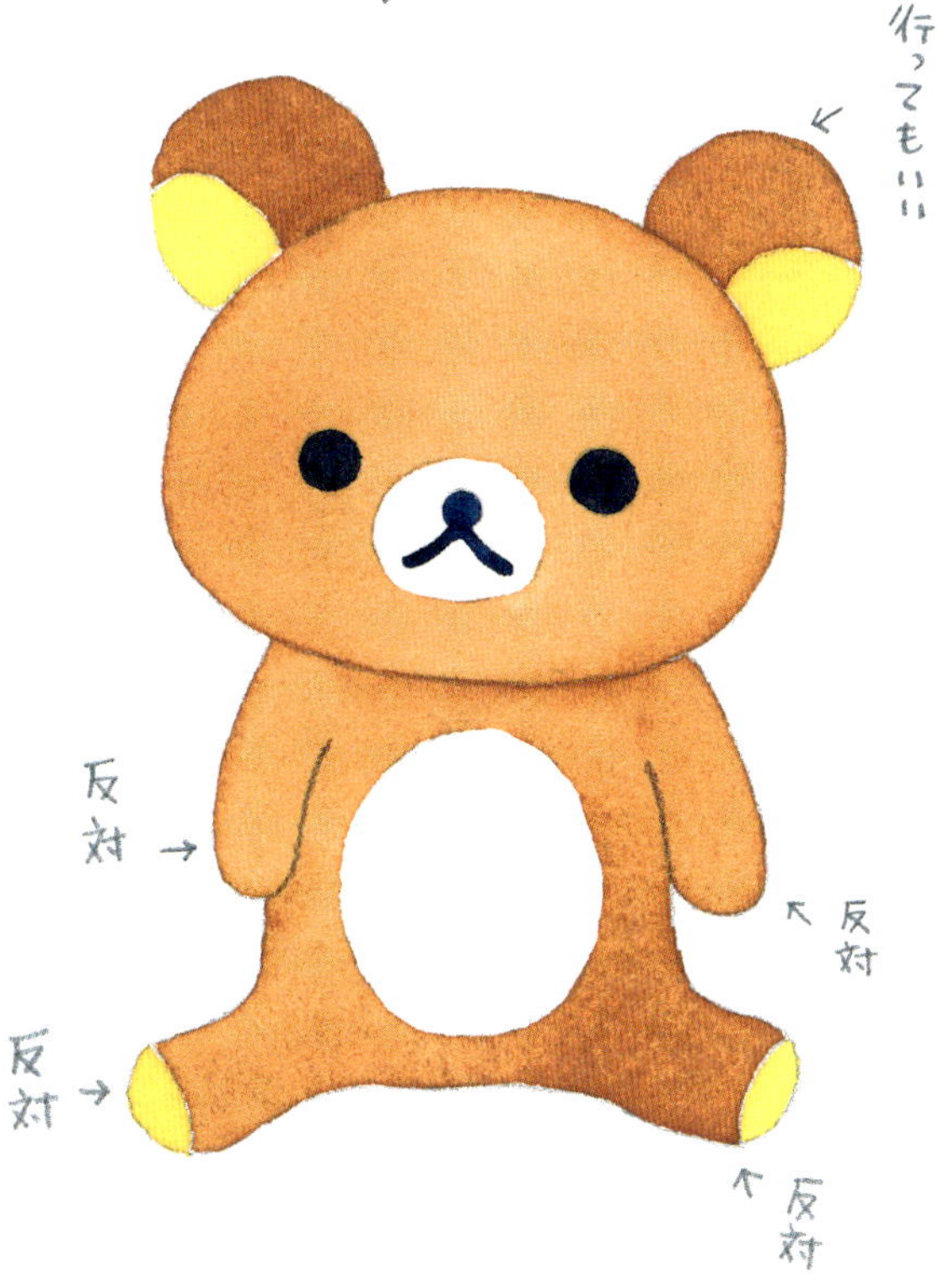

とおりすぎていく
コトバもありますね

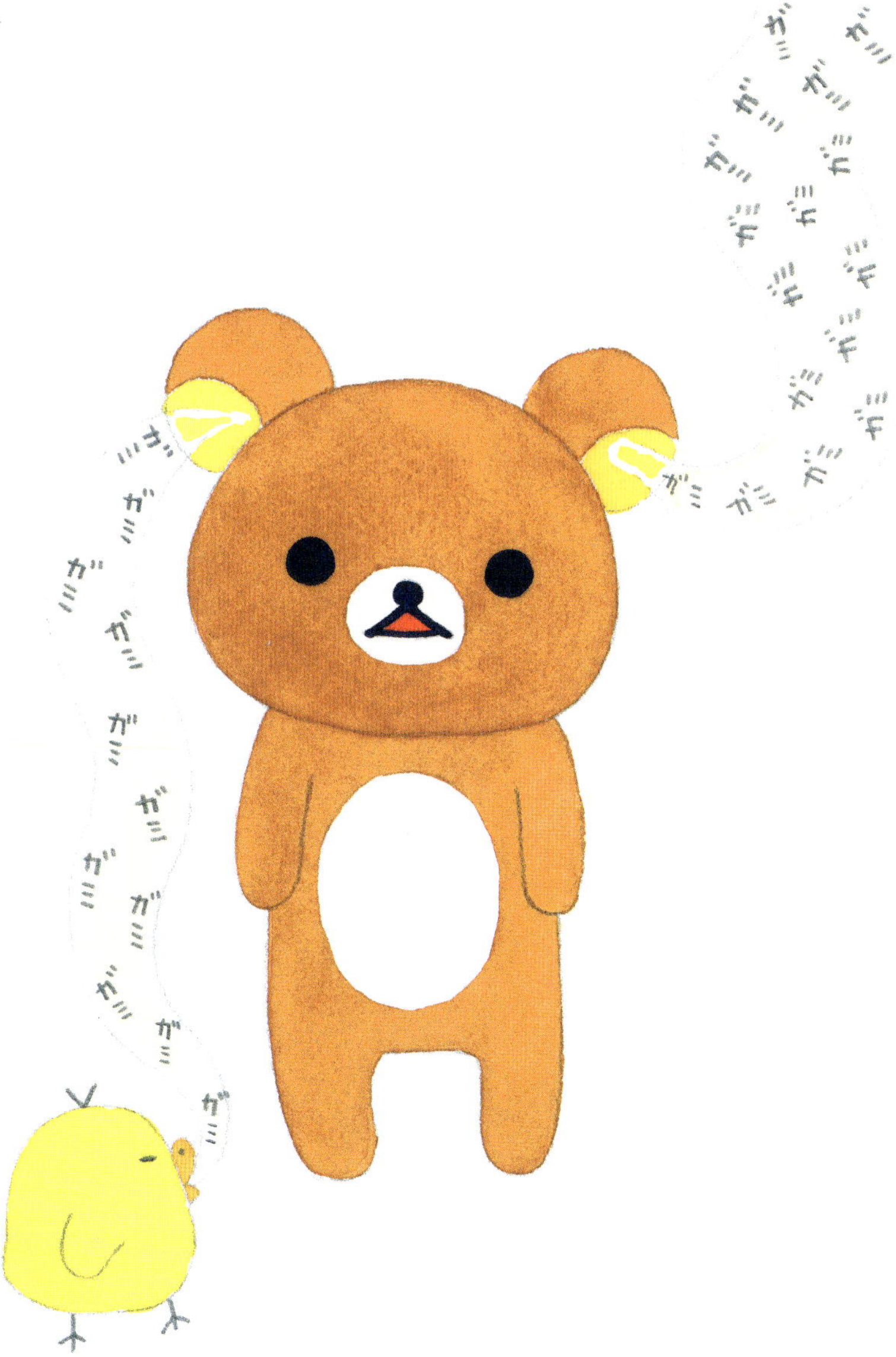
ガミガミガミガミガミガミガミガミガミガミガミ
ガミガミガミガミガミガミガミガミガミガミガミガミガミガミガミガミガミ

感情もうつります

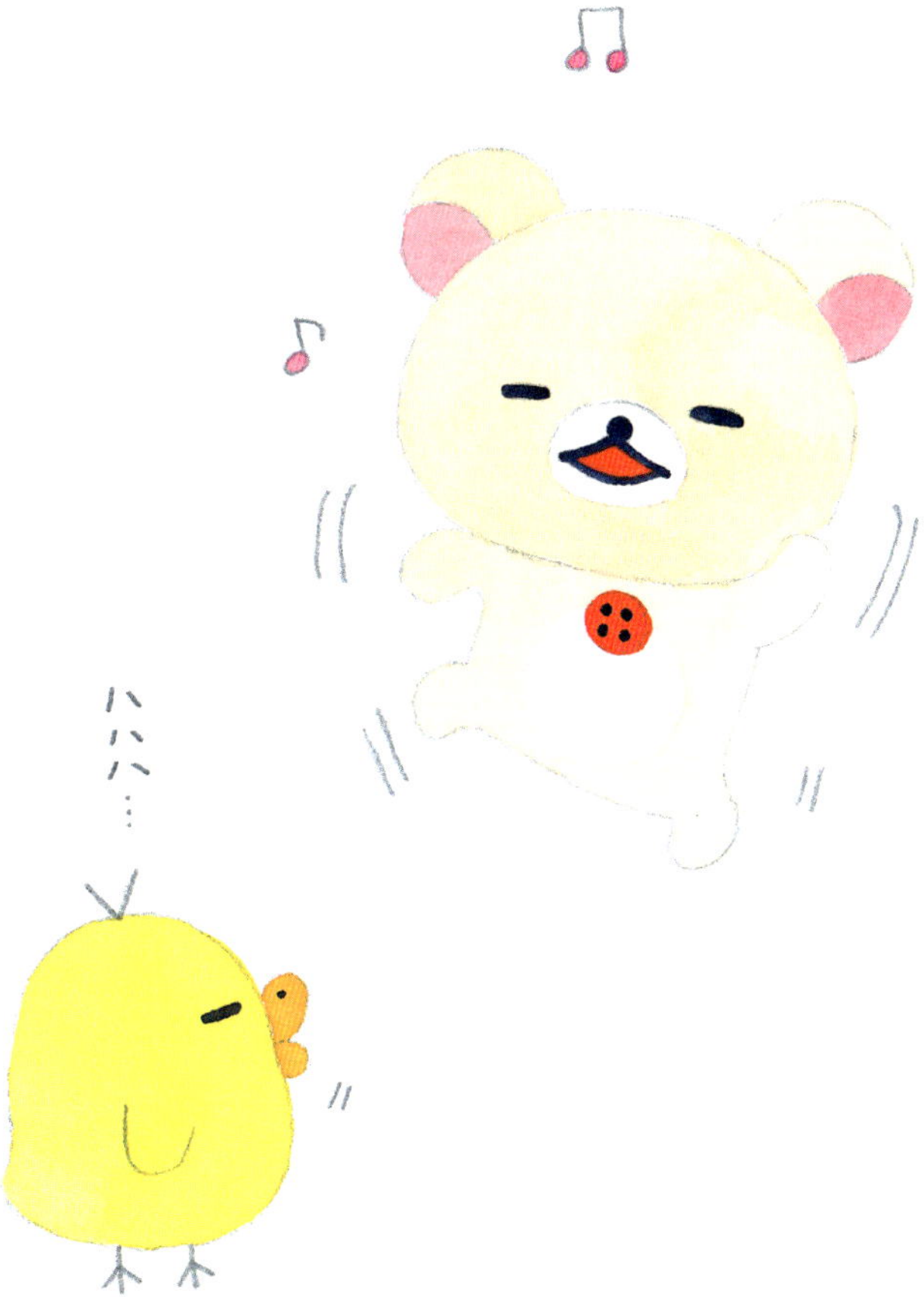
ハハハ…

おいしいものは うれしいも 元気も
ほっこりも 運んでくるんですよ

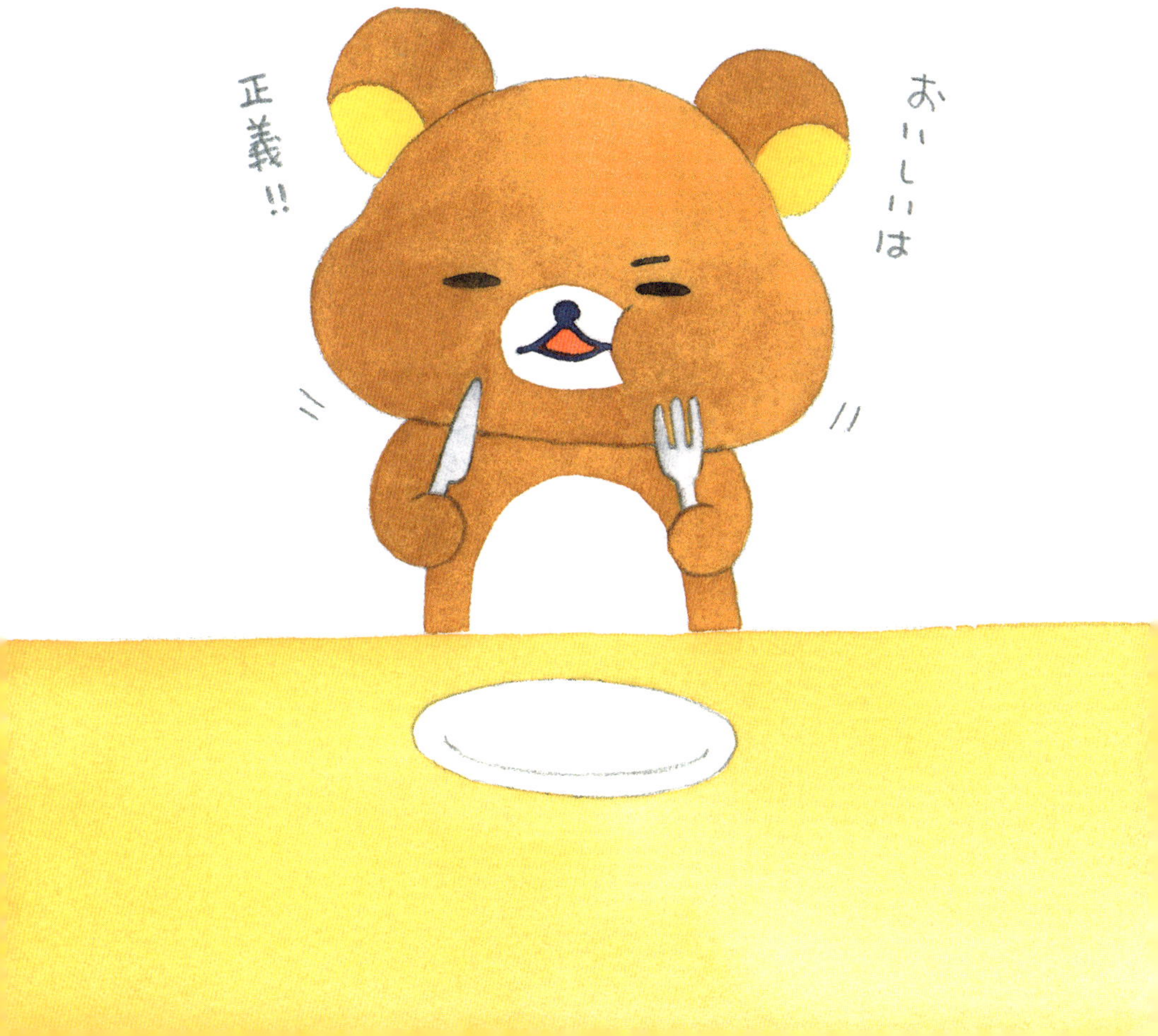
おいしいは
正義!!

はまるときもある
はまらないときもある

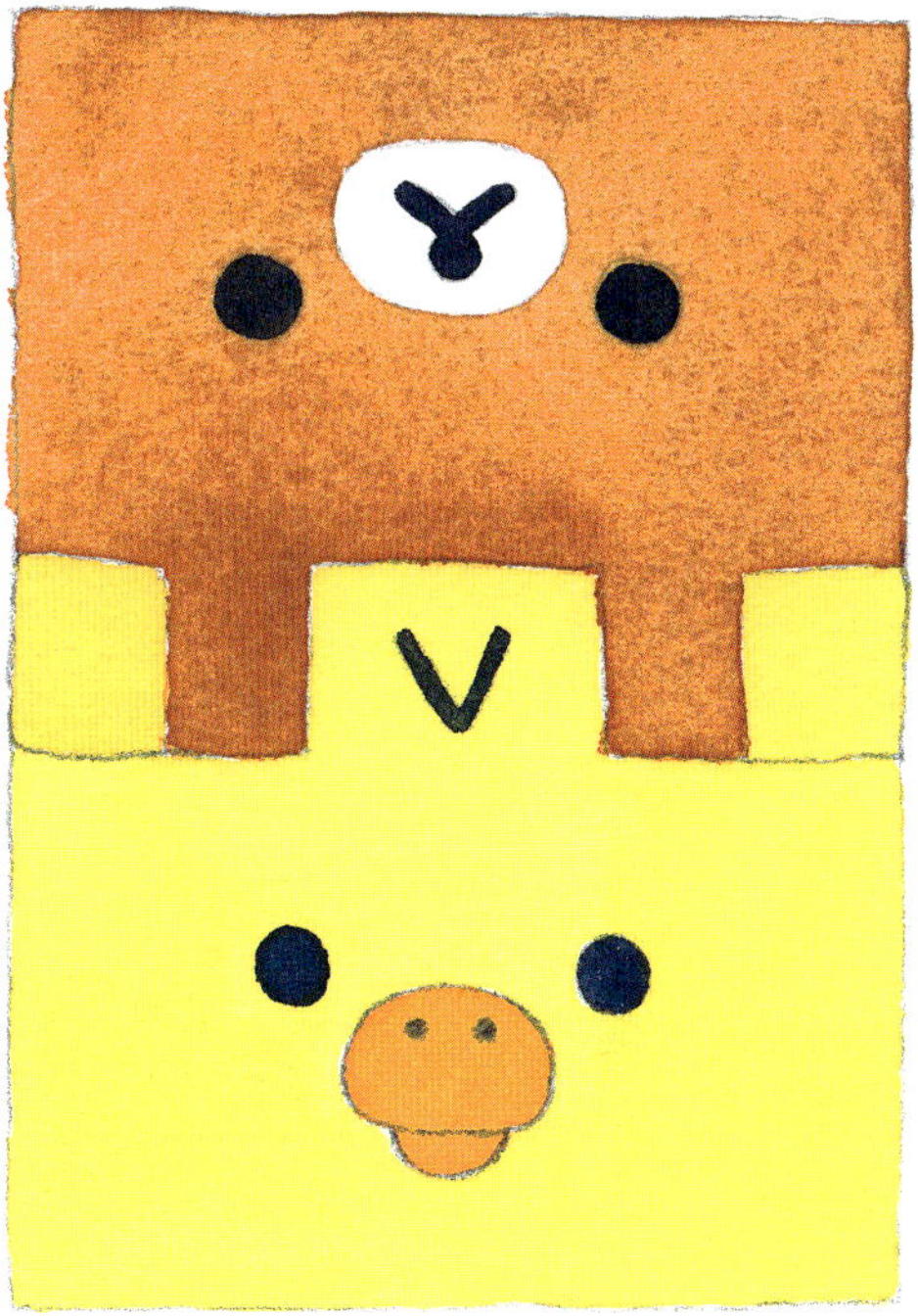

逃げていません
楽しい方向に向かっているんです

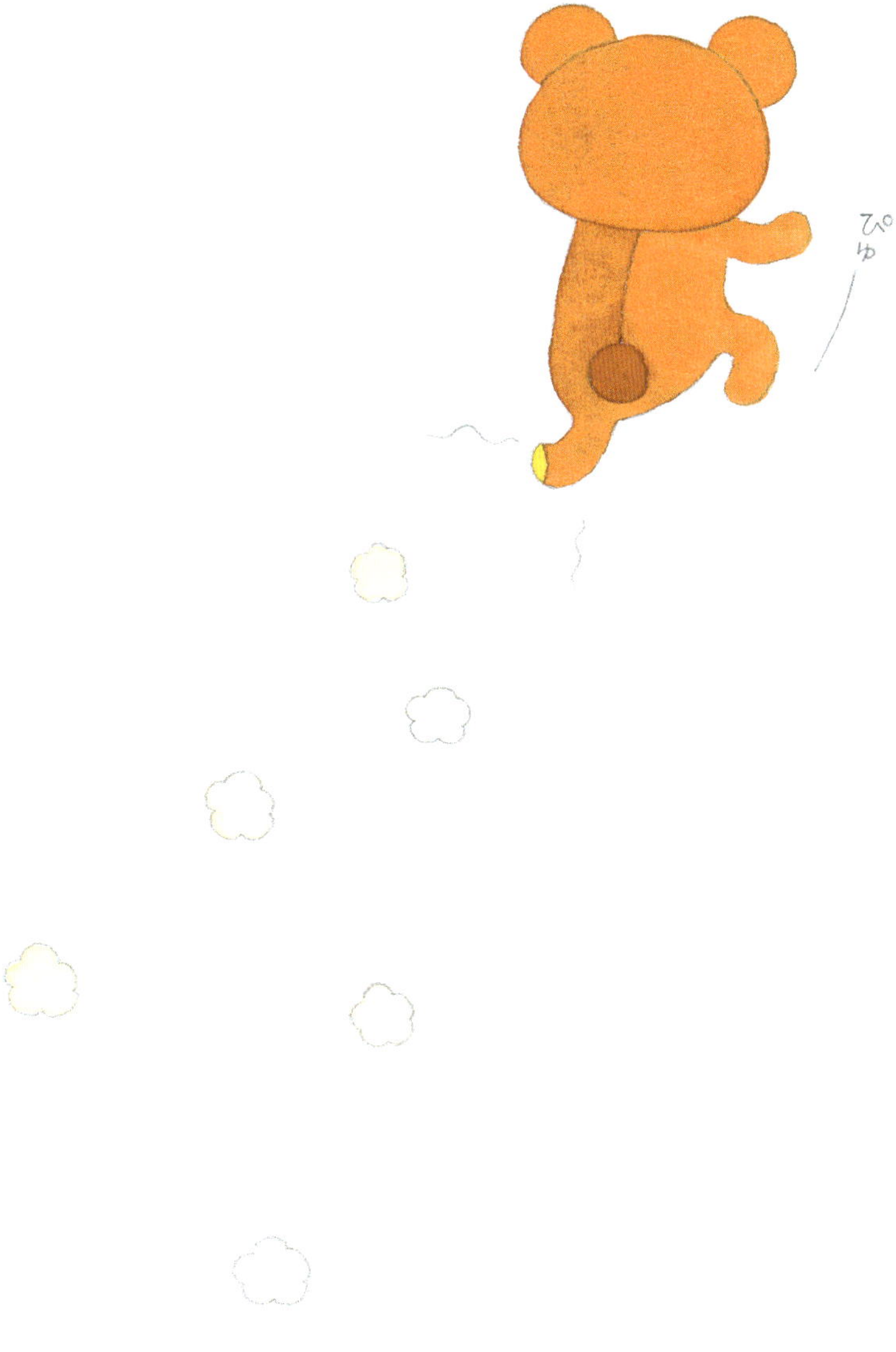
ぴゅー

新しい発見は 自分の中にも
ありますよ

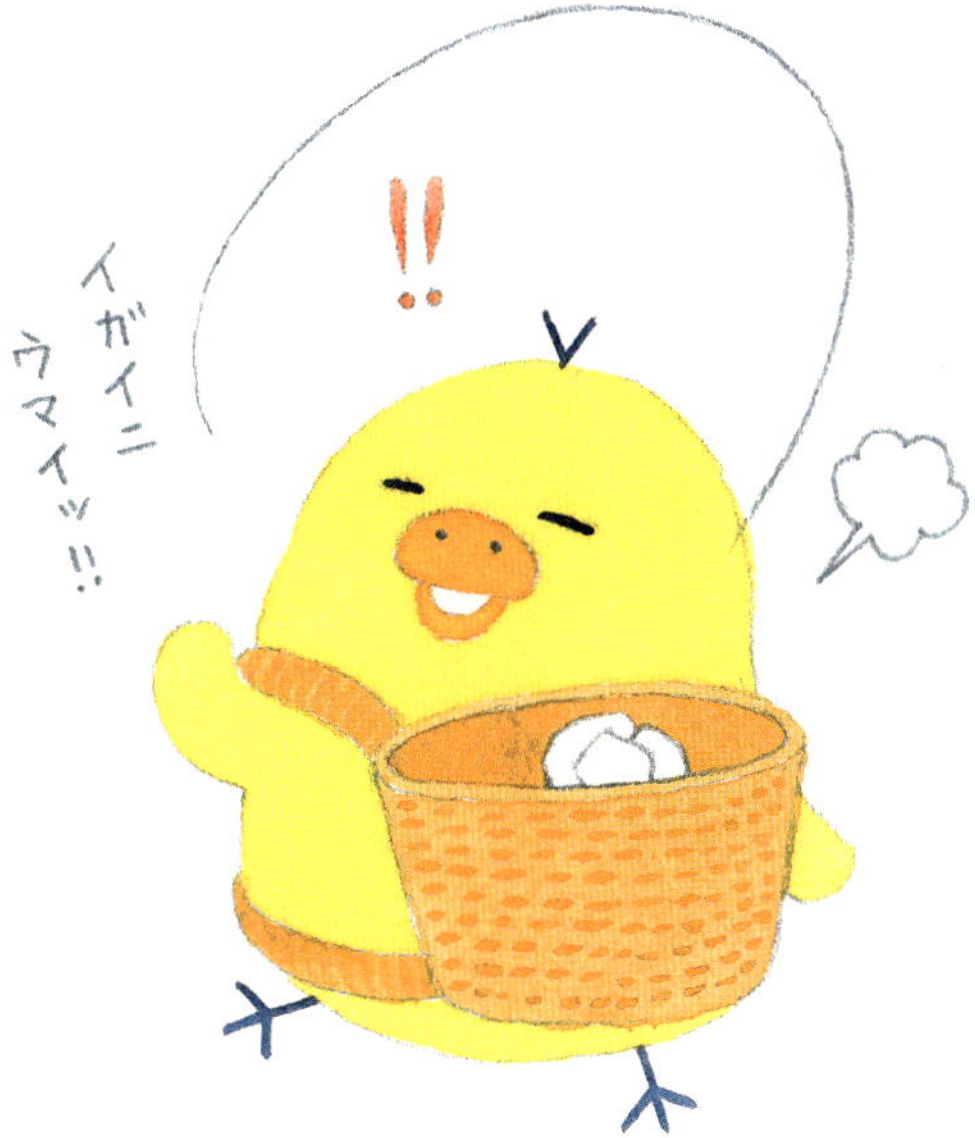

!!
イガイニウマイッ!!

時間は貯金できません

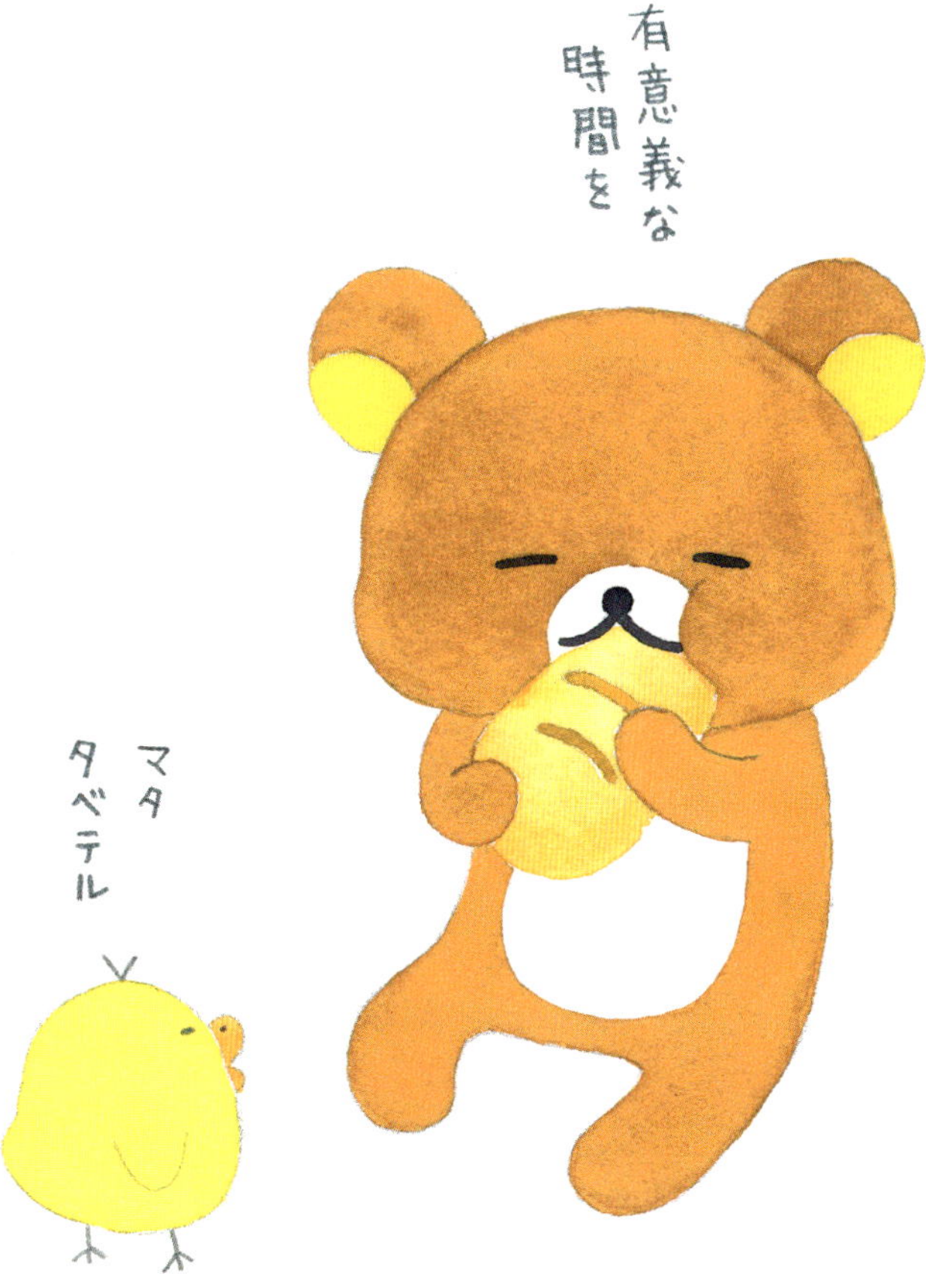
有意義な
時間を
マタ
タベテル

順番にやらなくたって
いいんです

ごはん前の
オフロも
いいものです

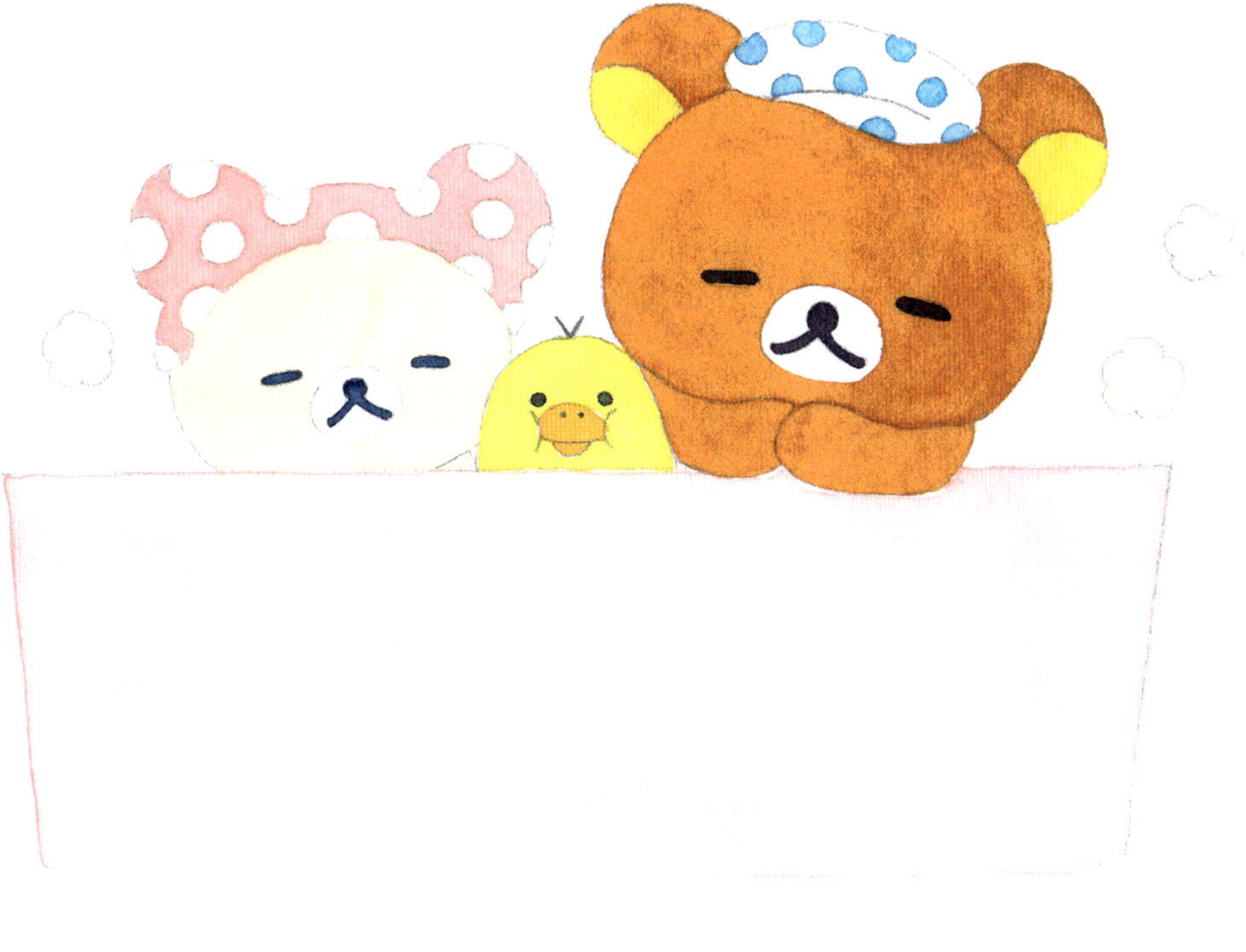

当てはめちゃうから
こわいんですよ

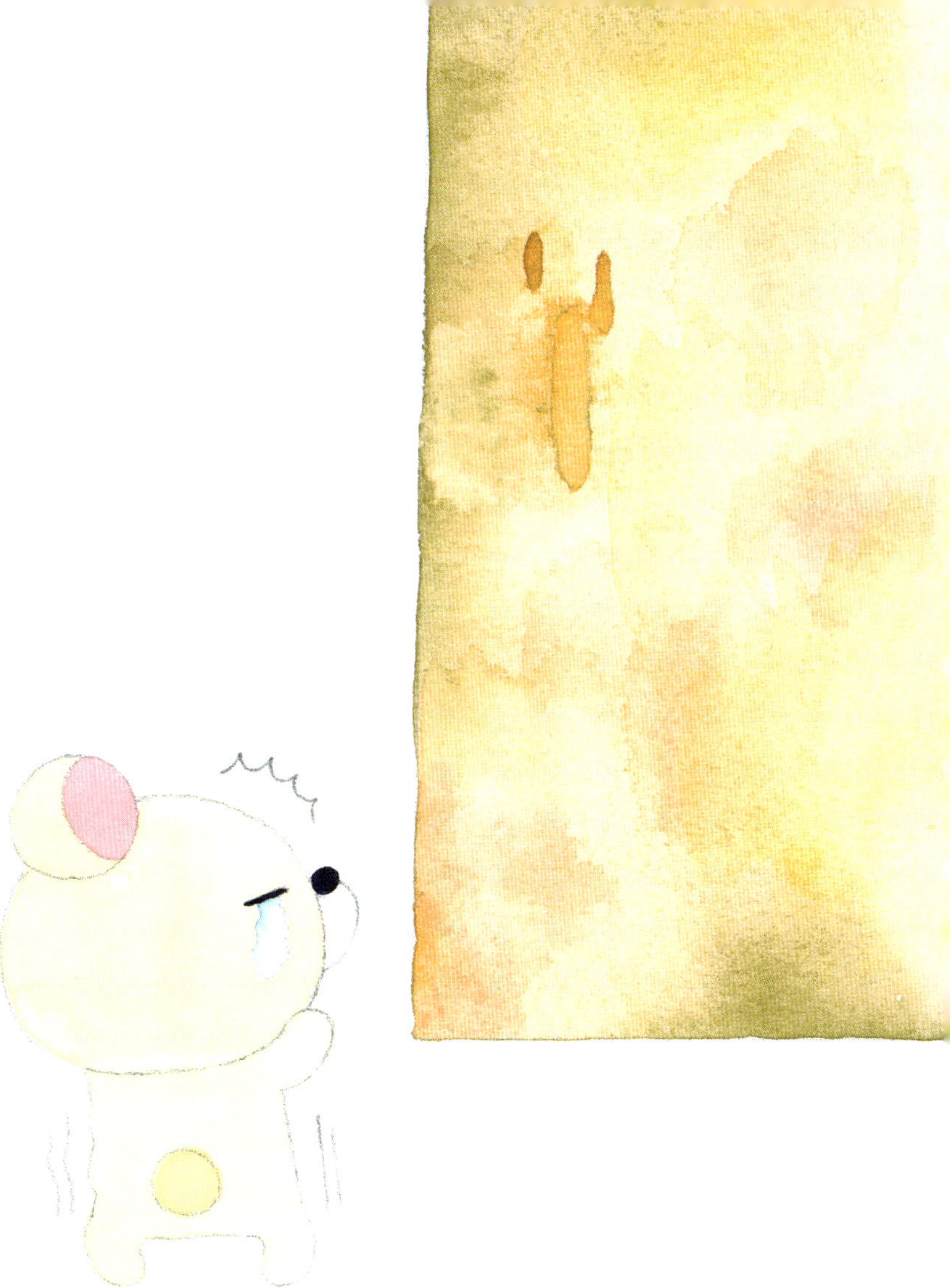

ここまで歩いてきたのは
あなたの足が 知ってますよ

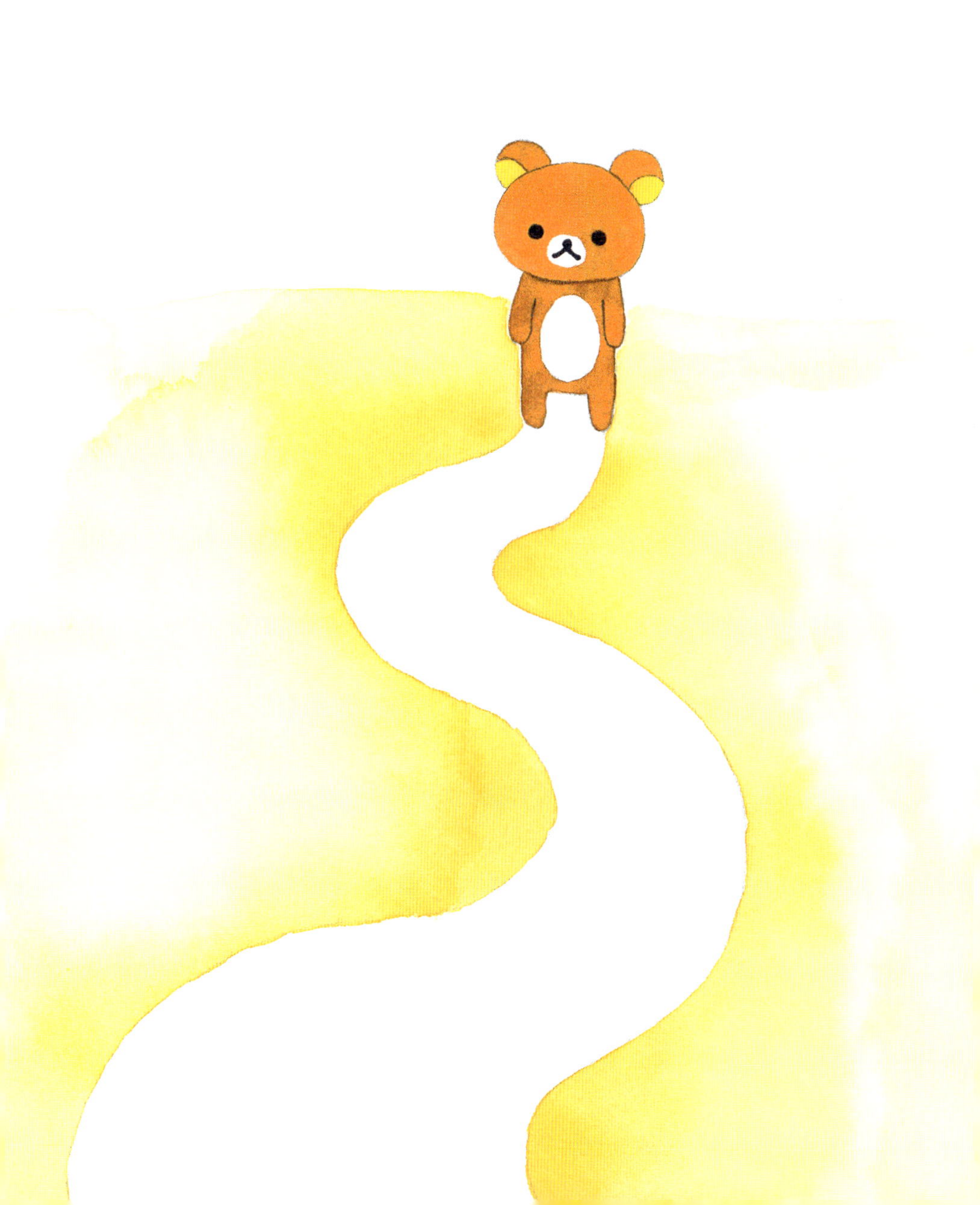

サナギのうちは 身動きが
とれませんから

やがて
立派な
チョウに…

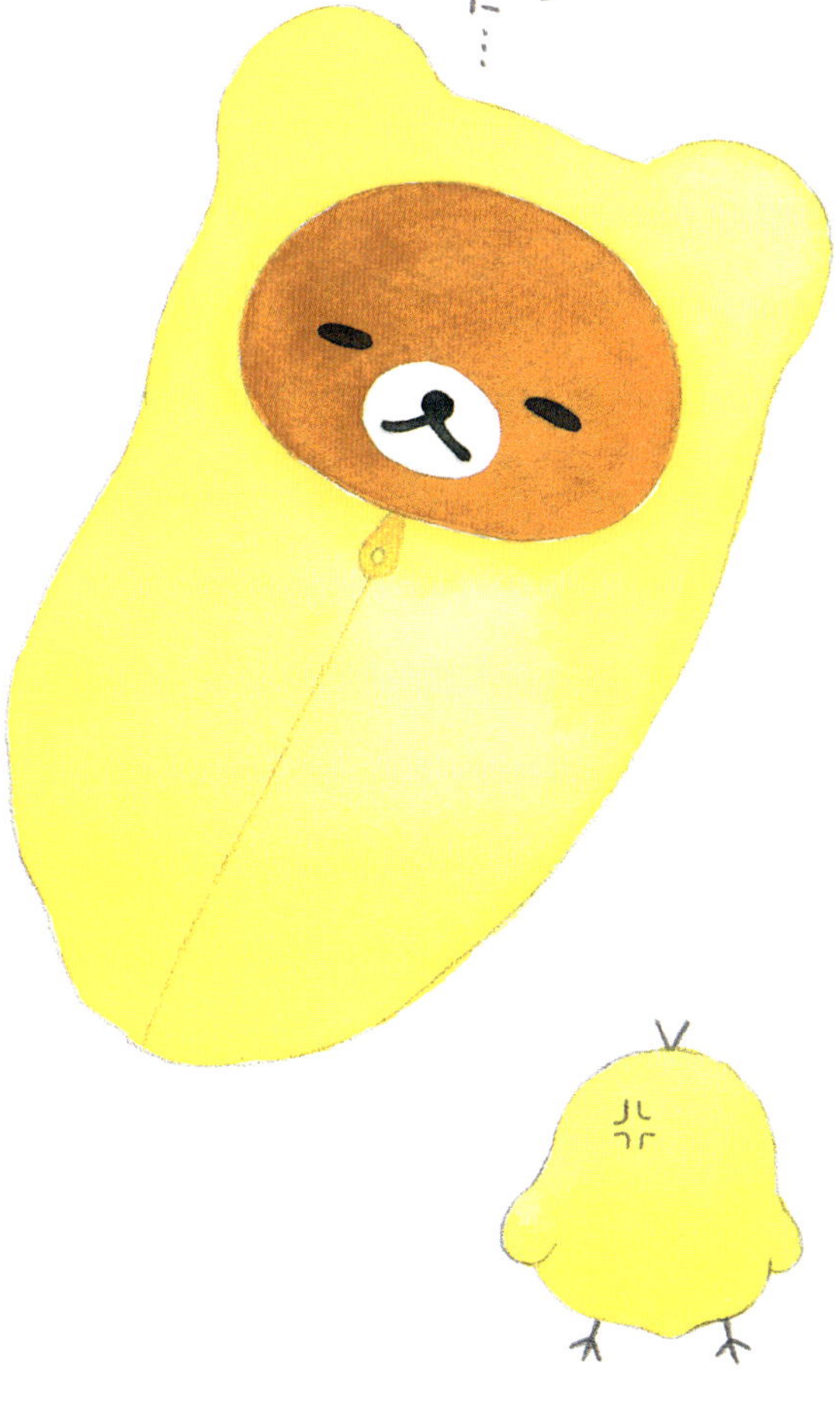

新しい場所も　2回めからは
みなれた場所です

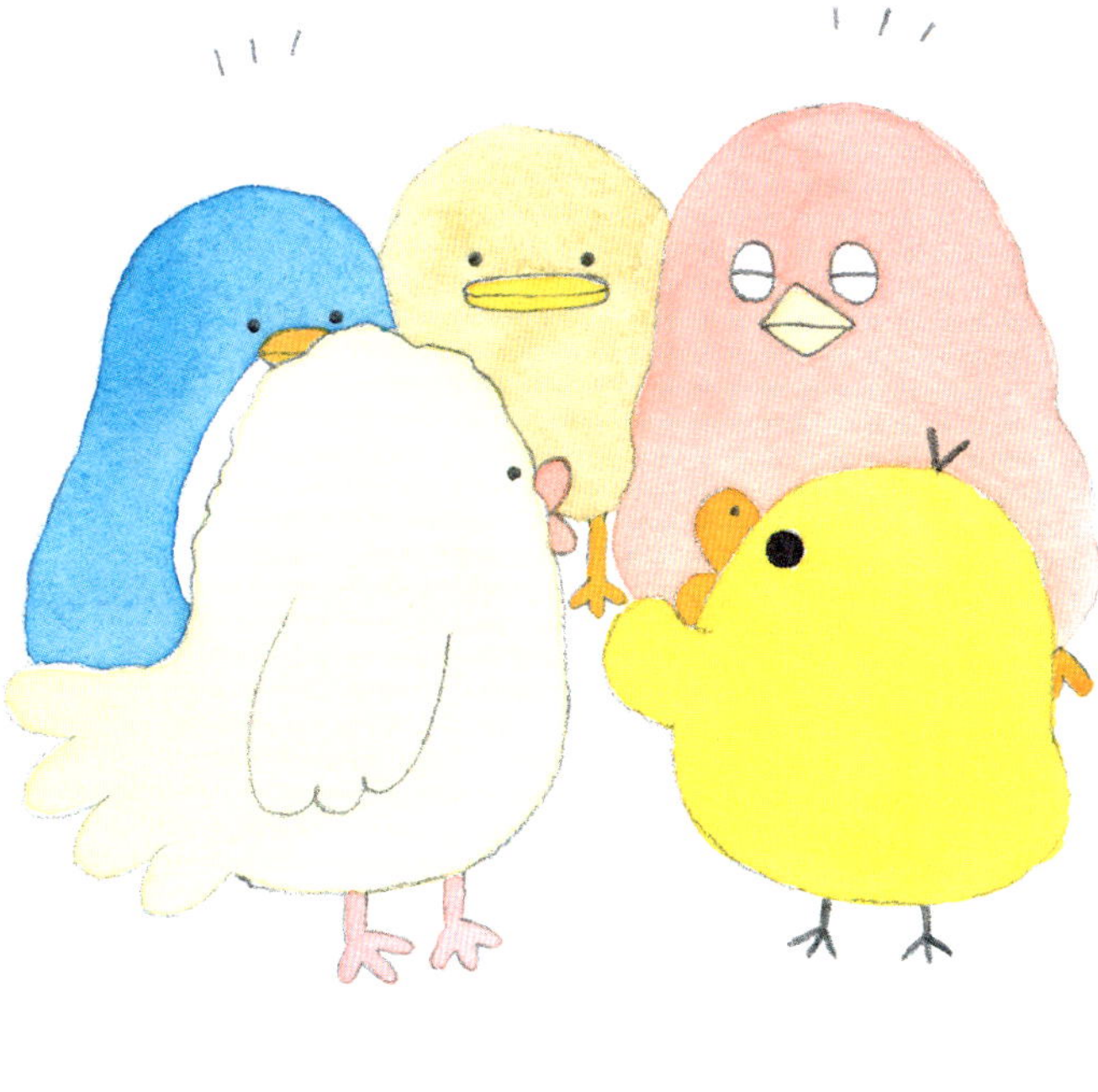

後ずさりも進んでいます

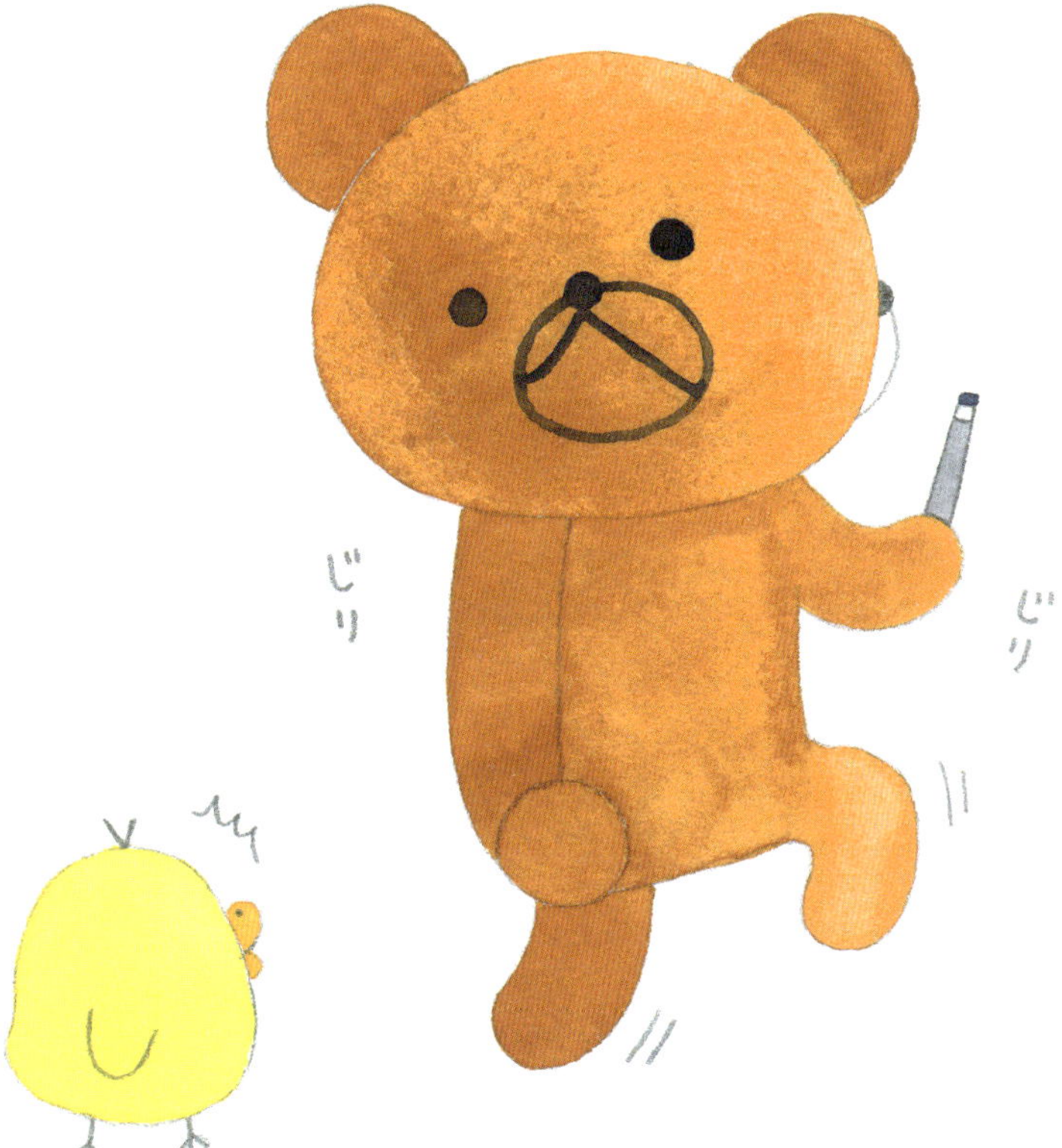
じり
じり

どの選択をしても
ちがう景色が　みられますよ

右を向いても

左を向いても

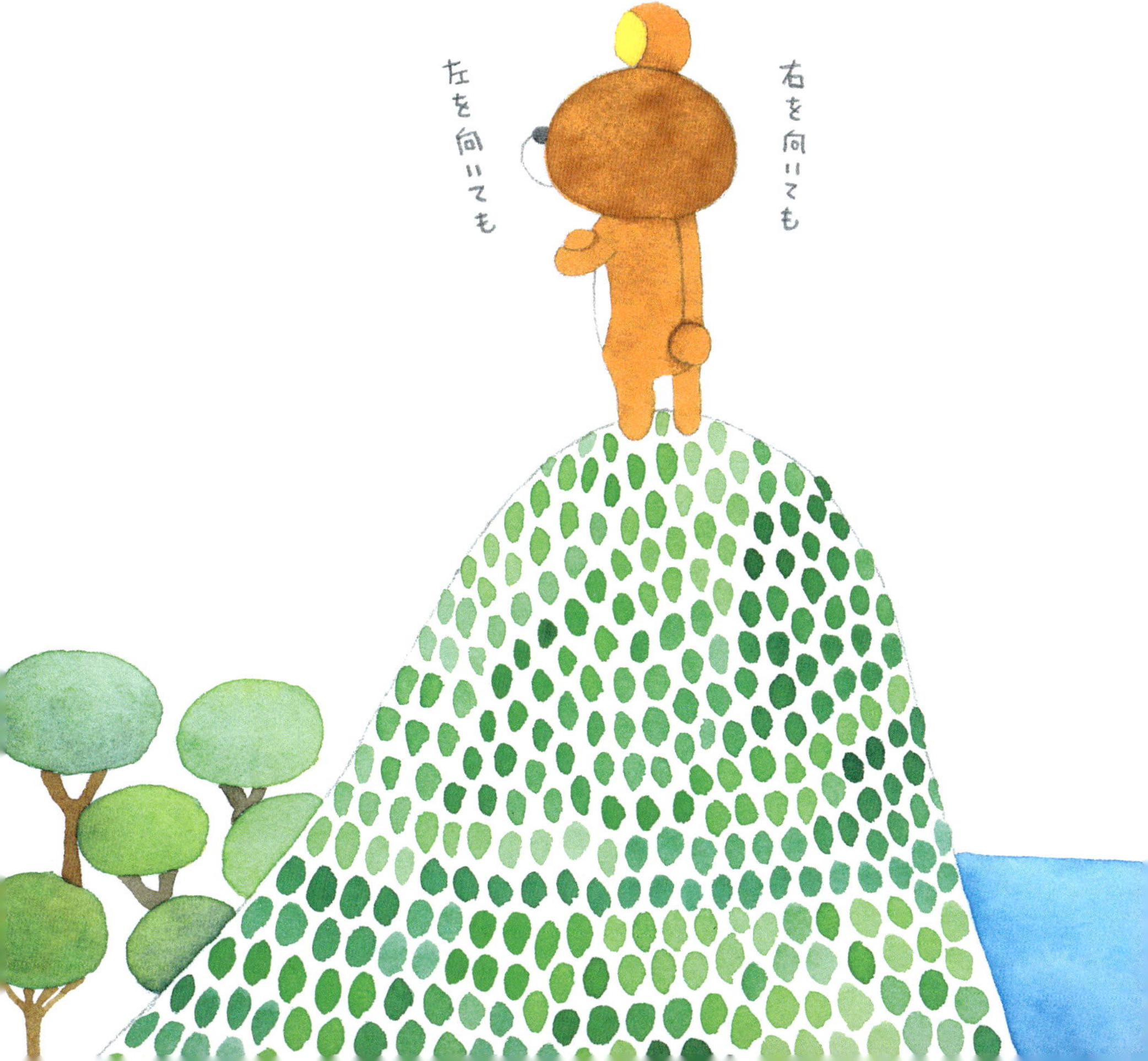

穴に　はまったから
別の穴に　抜けられるんです

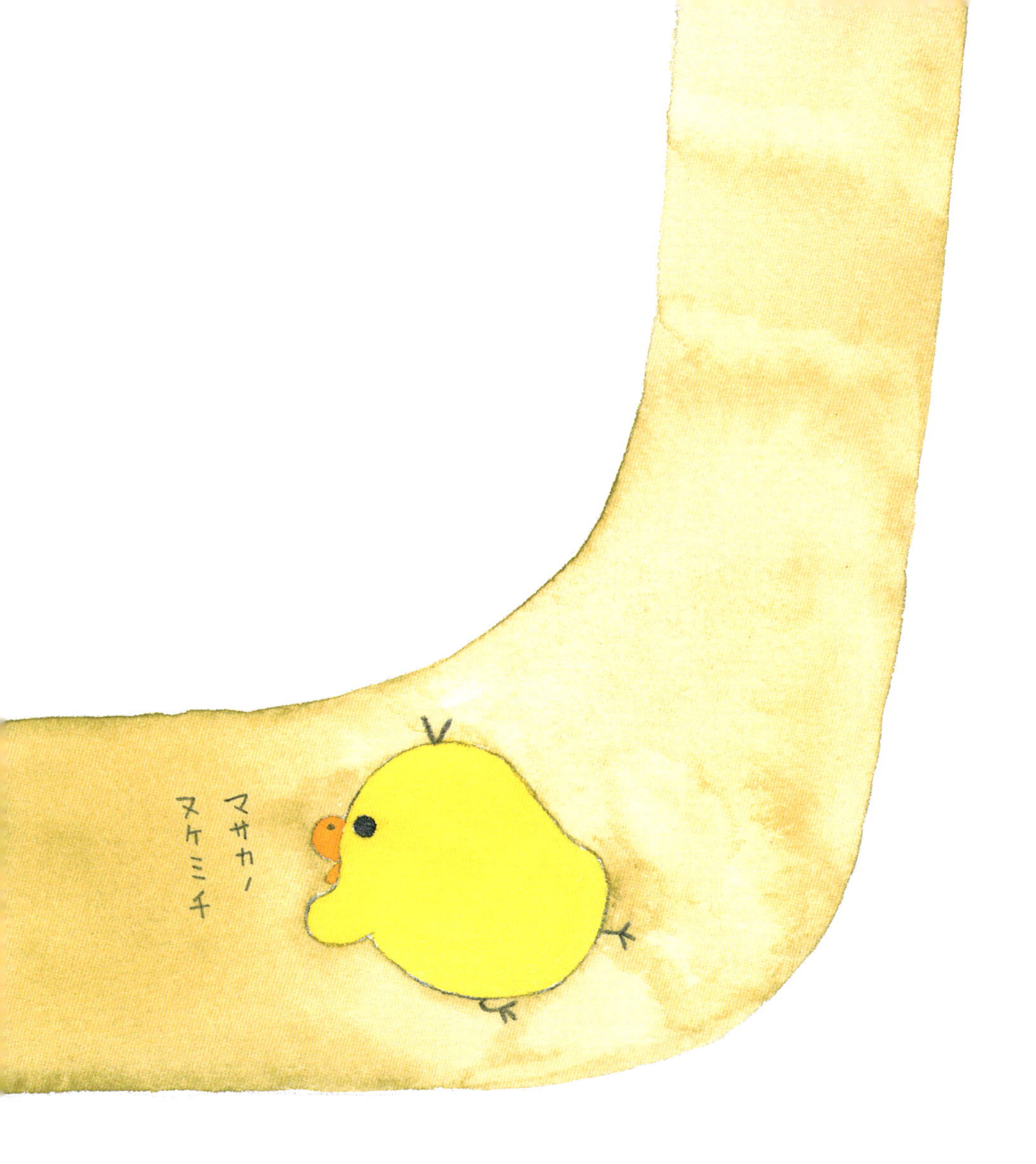
マサカー
ヌケミチ

ゆうきがいるコトバほど
つたわりますよ

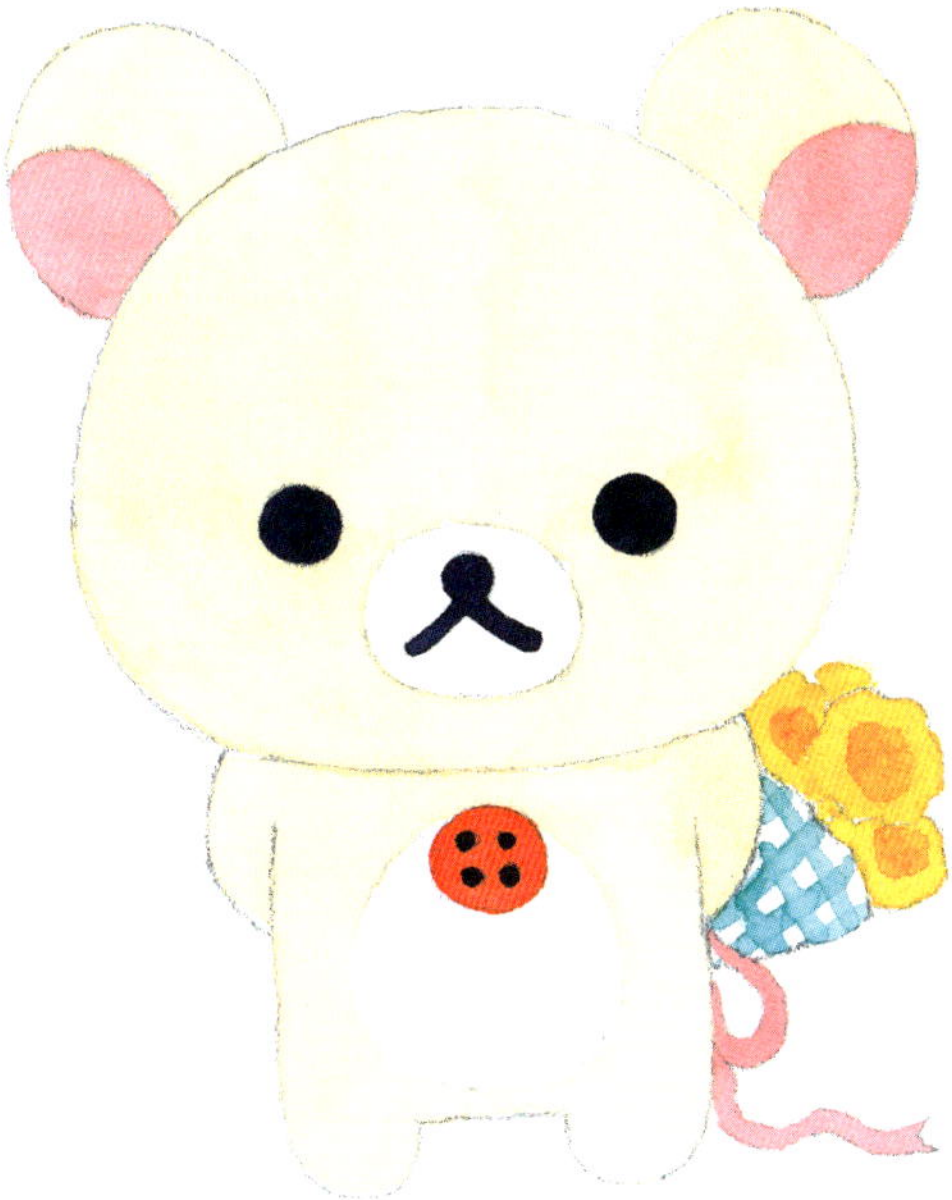

ムリして出て行っても
びしょぬれになるだけです

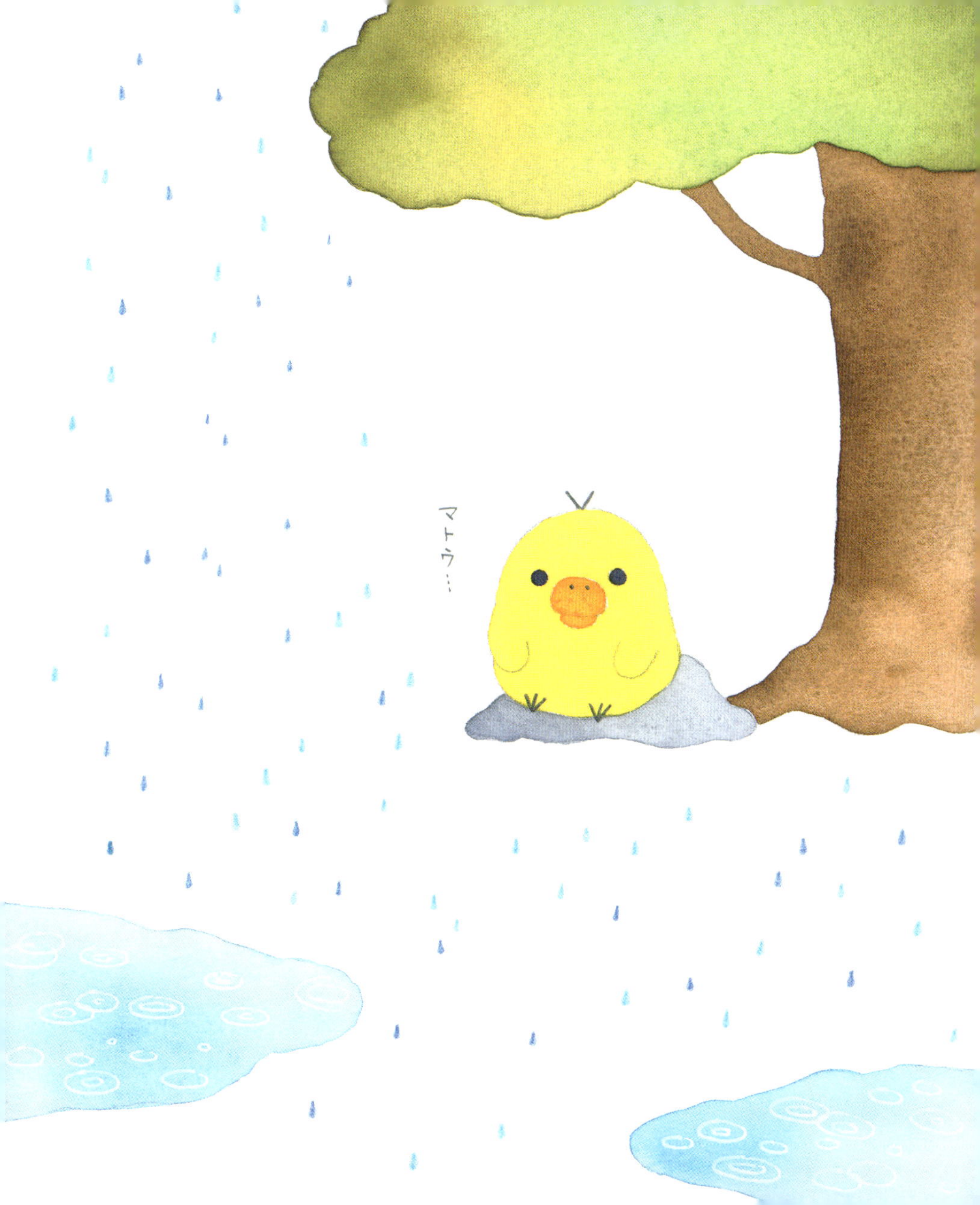
マトウ…

ねぶそくだと
道を まちがっちゃいますから

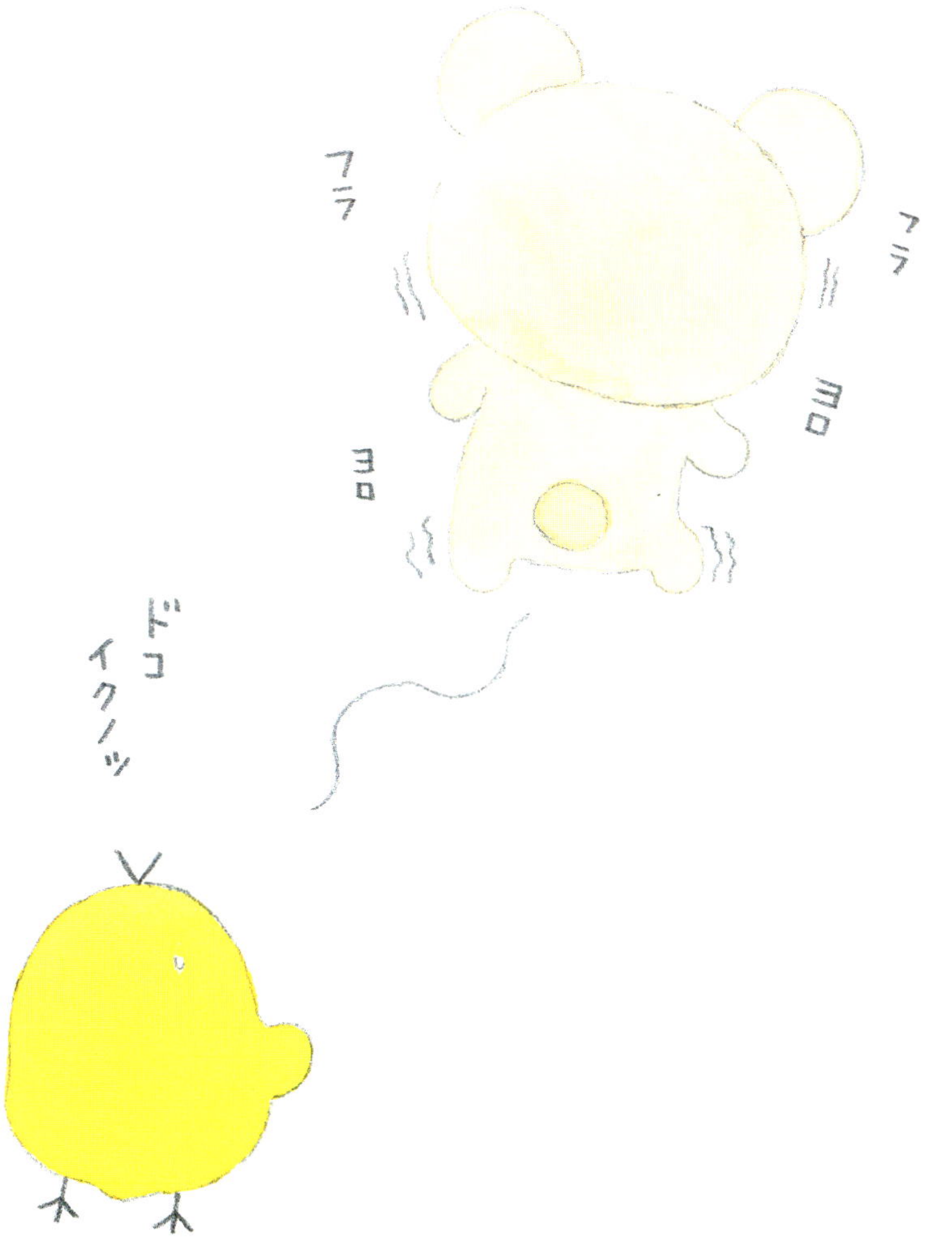
フラ
フラ
ヨロ
ヨロ
ドコ
イクノッ

自分だけのルールは
かえられますよ

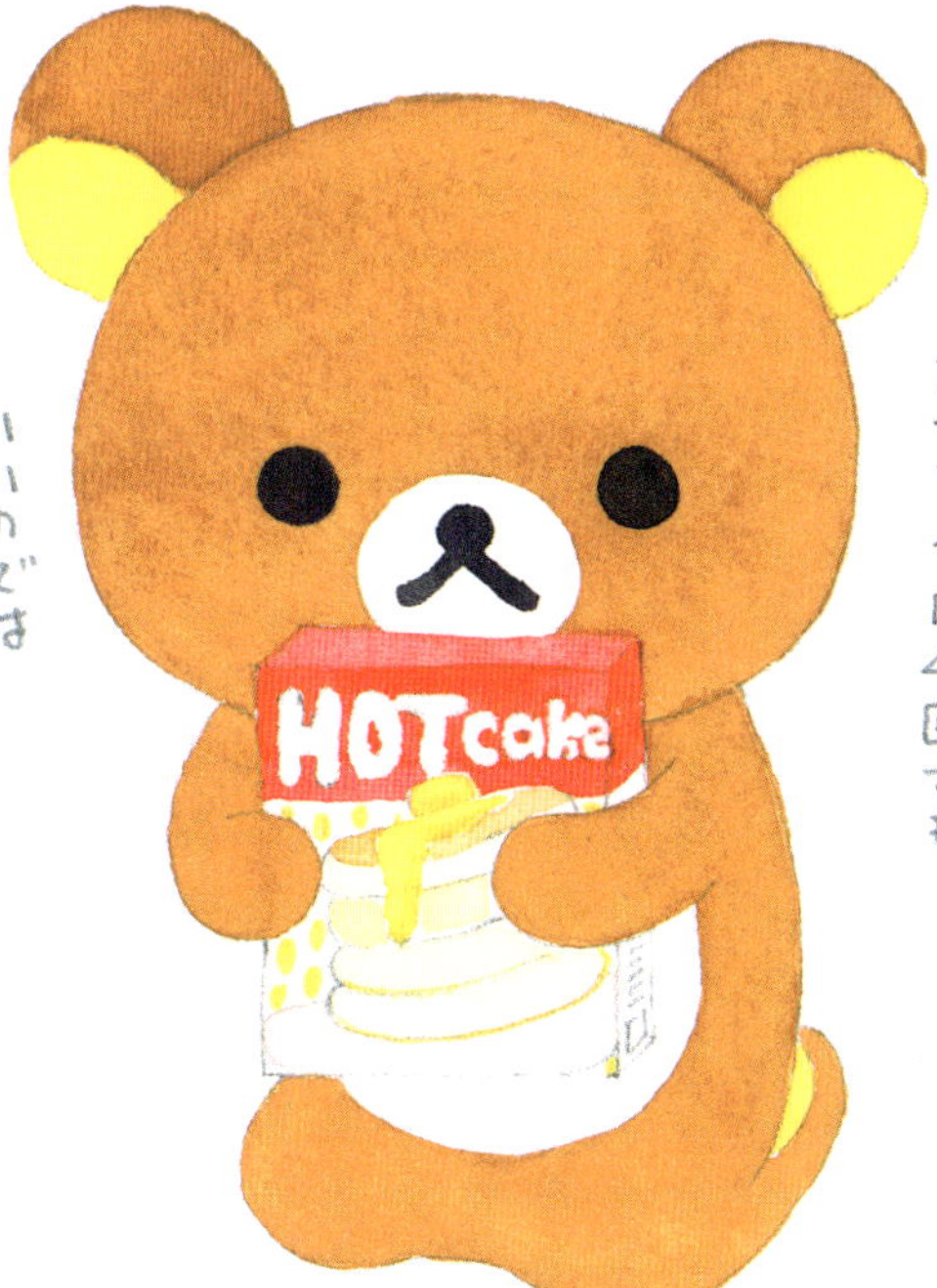

おやつ 1日4回でも
いいのでは

お天気の中には
嵐も存在する

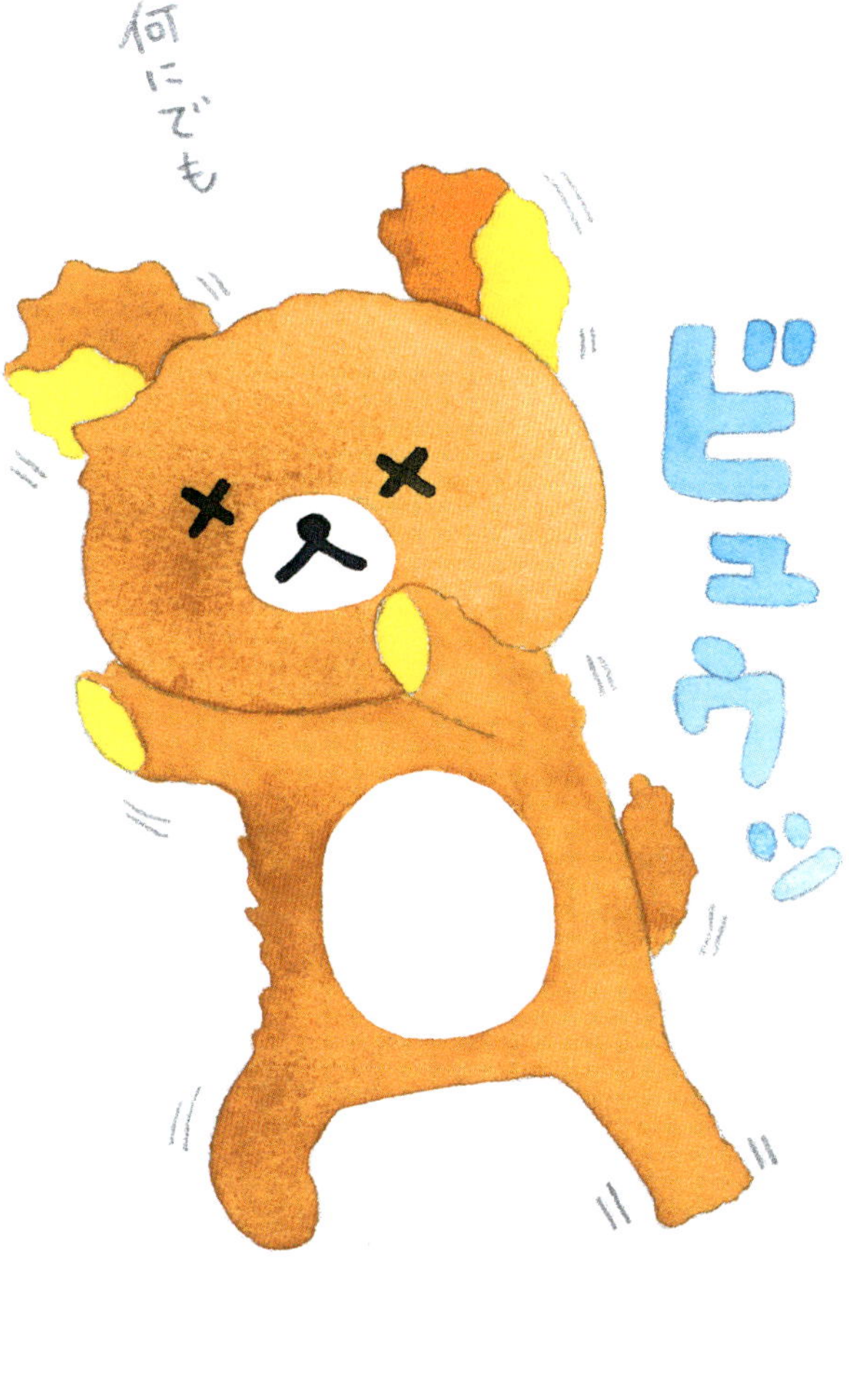
何にでも
ビュウッ

今夜は明日に
つながっています

明日の元気を
育ててます

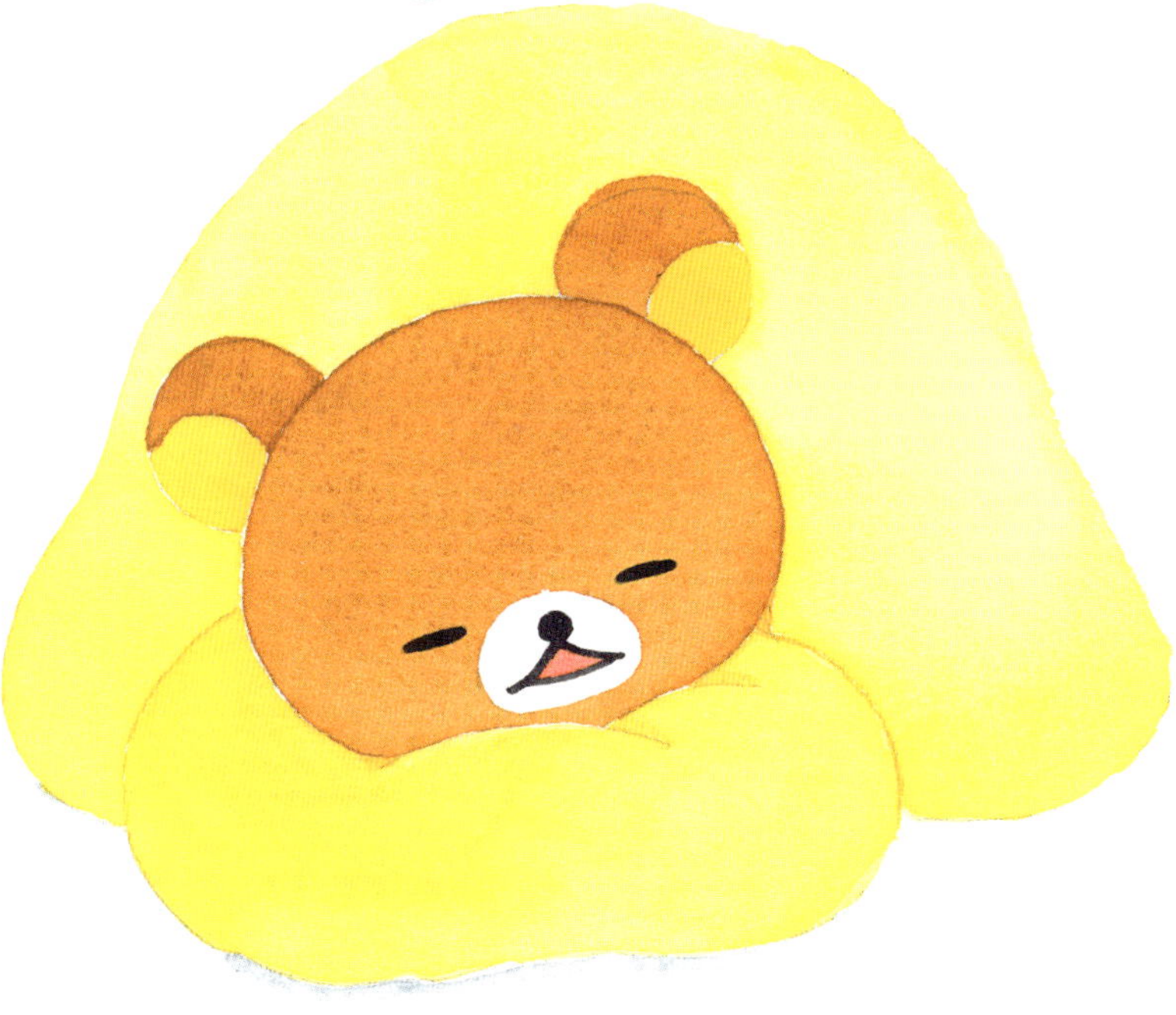

みえるのも気づけるのも
ほんの一部です

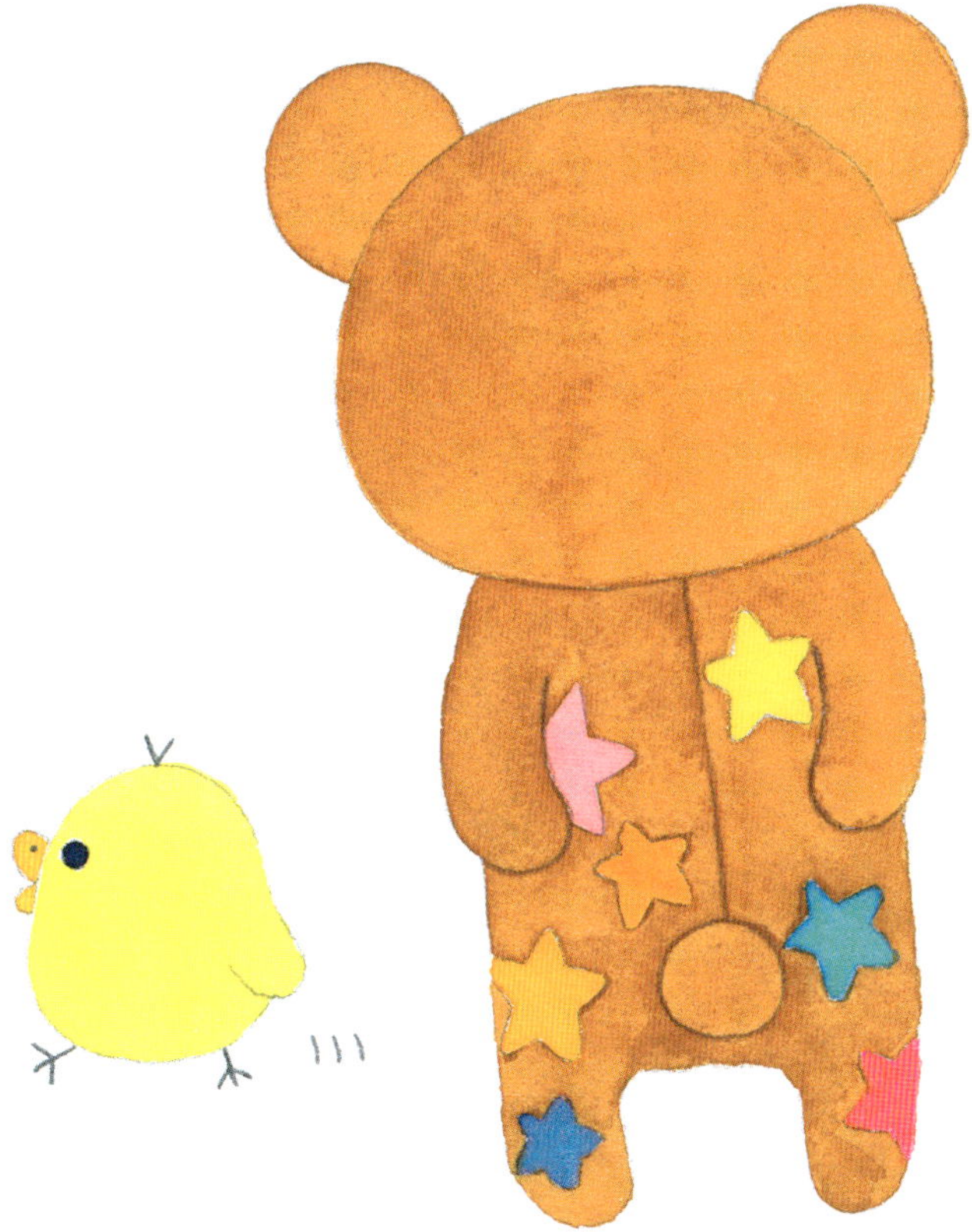

たまに閉じていることも
あります

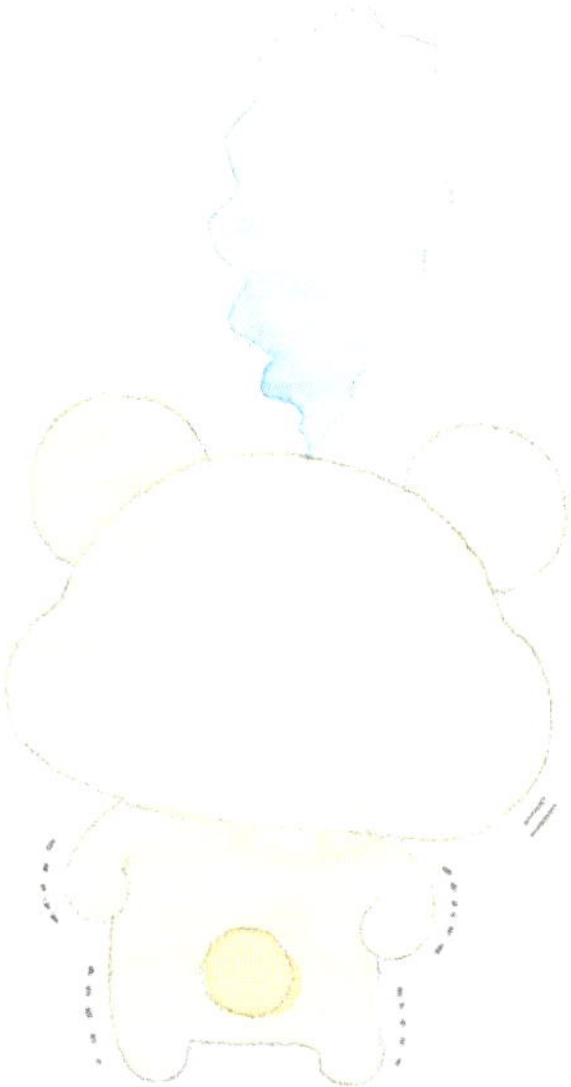

ひとりに
しておきましょう…

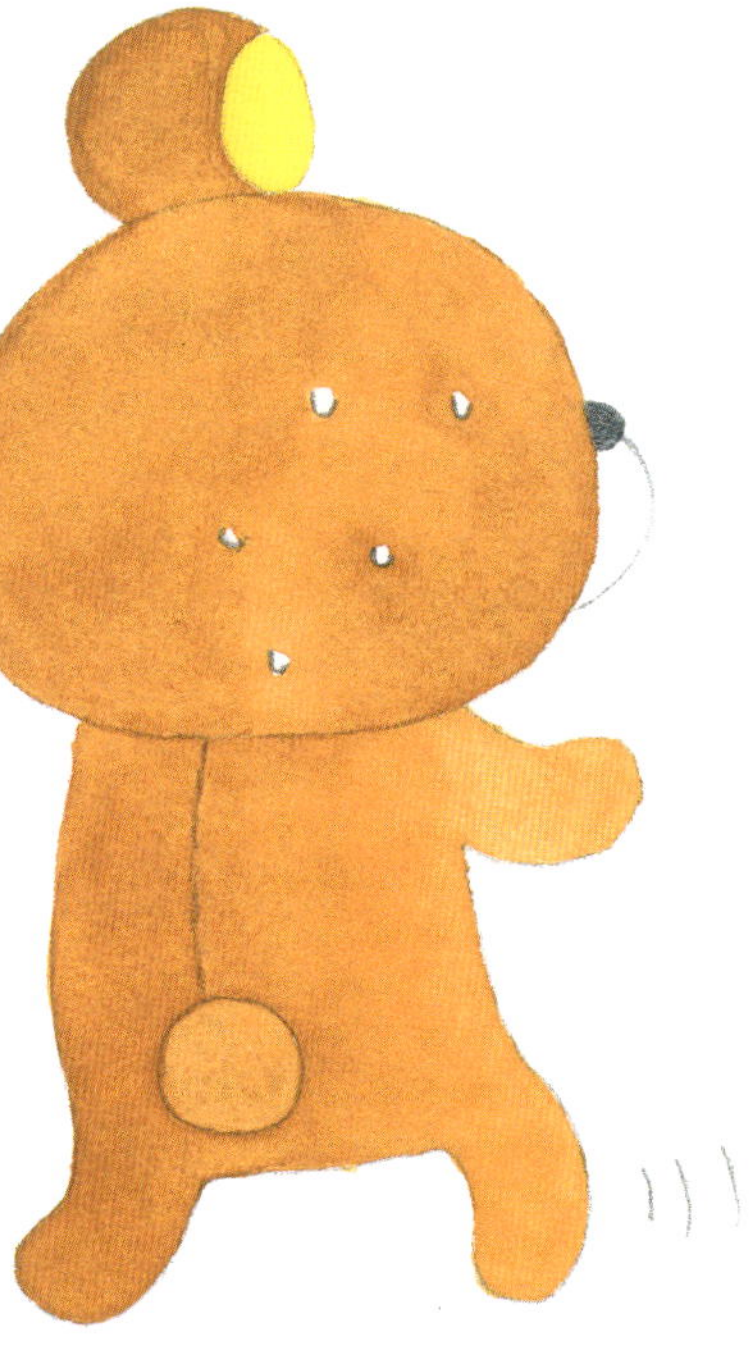

心配を手ばなさないと
身軽になれませんよ

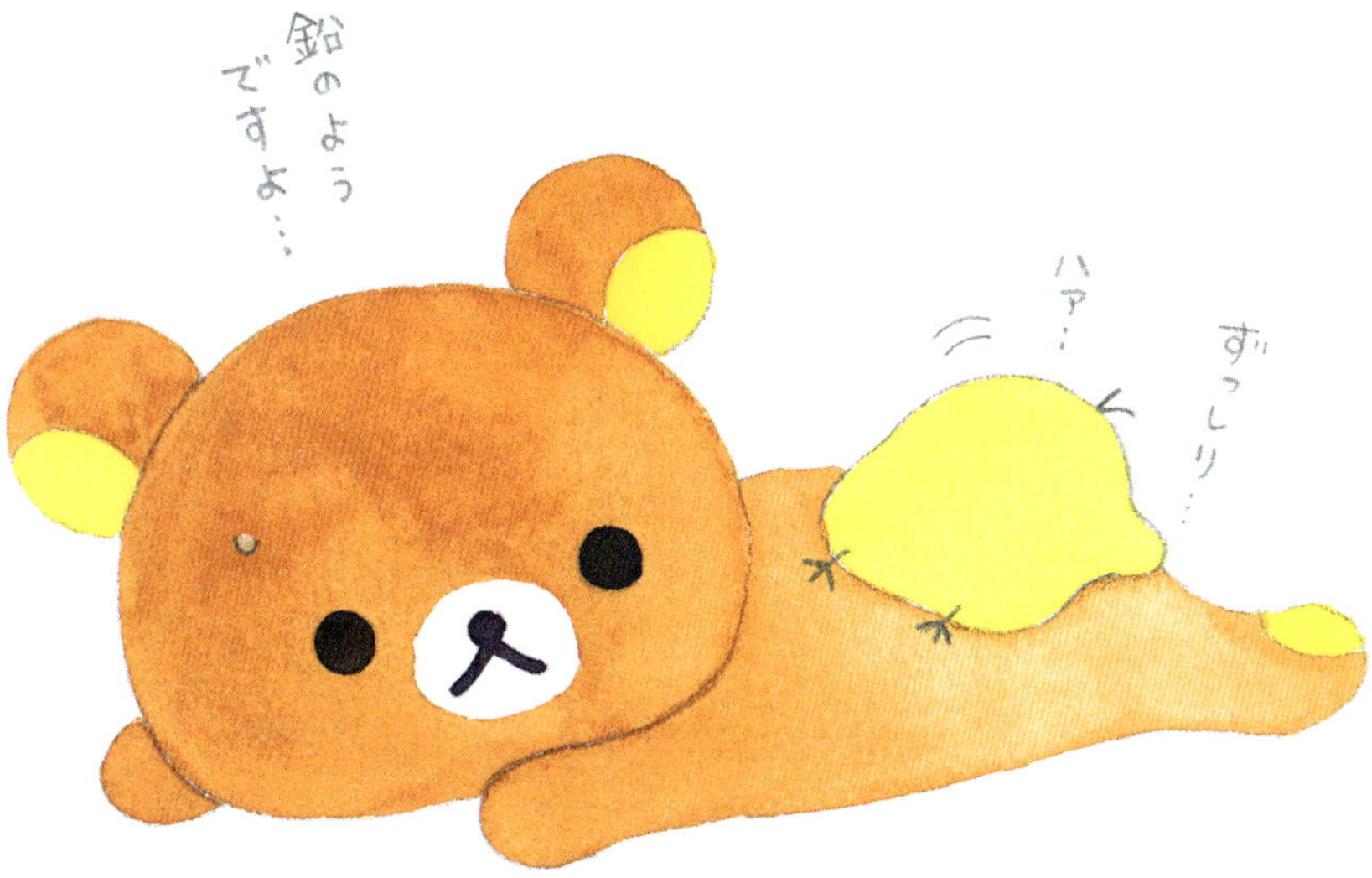

鉛のようですよ…
ハァ…
ずっしり…

ここにいます
いつもいます
そばにいます

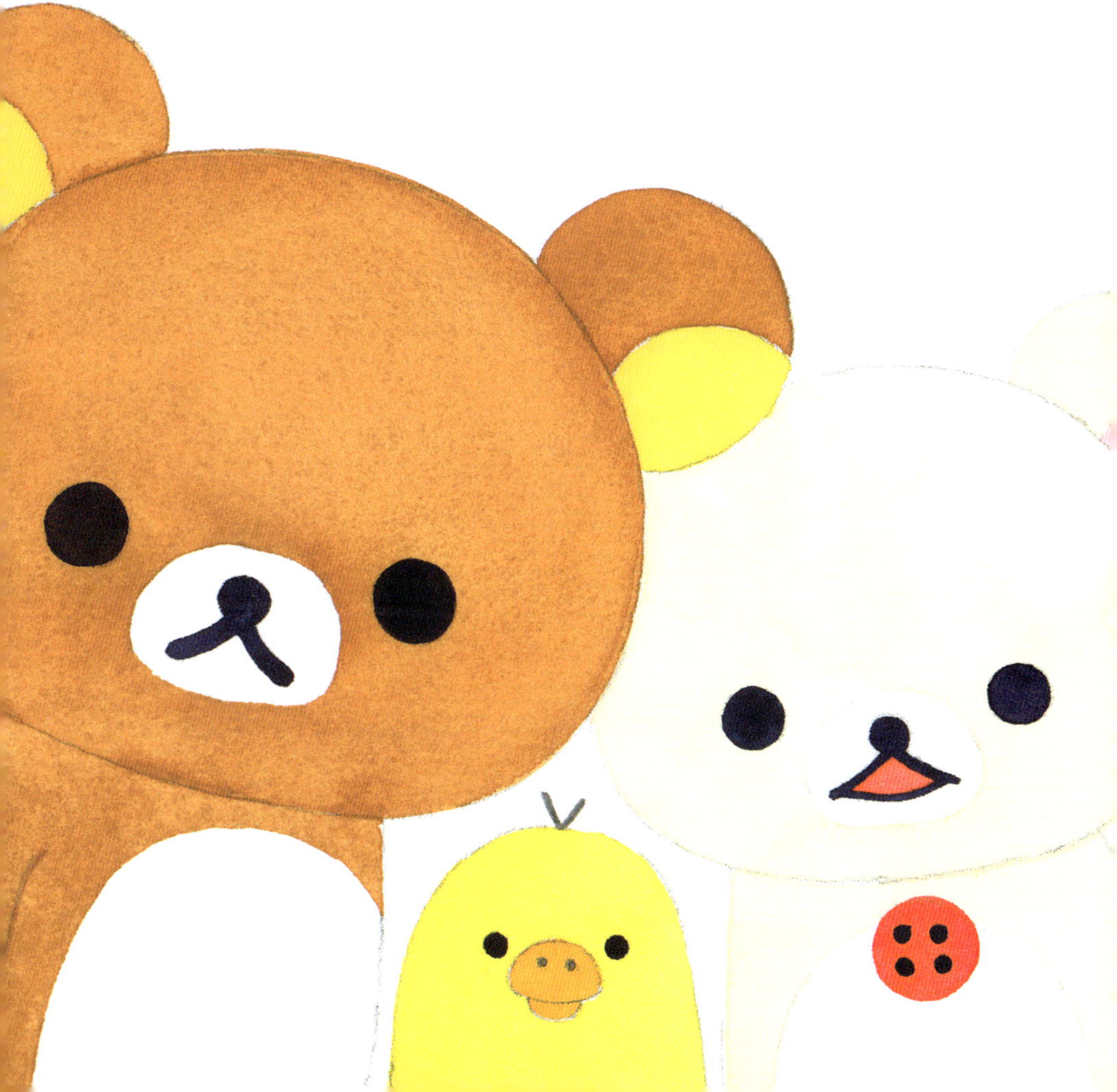

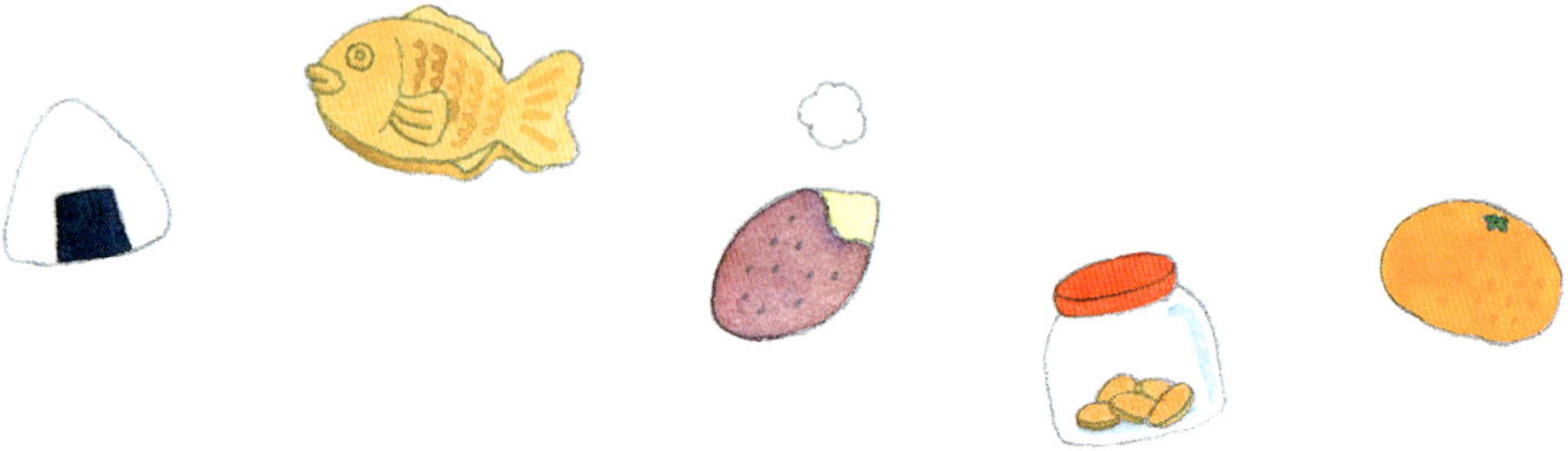

リラックマ
そばにいます

絵と文　コンドウ アキ

編集人　殿塚郁夫
発行人　永田智之
発　行　株式会社　主婦と生活社
〒104-8357　東京都中央区京橋 3-5-7
編　集　電話　03-3563-5133
販　売　電話　03-3563-5121
生　産　電話　03-3563-5125
ホームページ　http://www.shufu.co.jp
印刷・製本　図書印刷株式会社

コンドウアキ HP　http://www.akibako.jp/
SAN-X HP　http://www.san-x.co.jp/

装丁　コムギコデザイン

©2017 San-X Co., Ltd. All Rights Reserved.

Printed in Japan　ISBN978-4-391-15105-3　C0076

●製本には十分配慮しておりますが、
落丁・乱丁がありましたら小社生産部にお送りください。
送料小社負担にてお取り替えいたします。
●Ⓡ 本書を無断で複写複製（電子化を含む）することは、
著作権法上の例外を除き、禁じられています。
本書をコピーされる場合は、
事前に日本複製権センター（JRRC）の許諾を受けてください。
また、本書を代行業者等の第三者に依頼してスキャンやデジタル化をすることは、
たとえ個人や家庭内の利用であっても一切認められておりません。

※JRRC［ https://jrrc.or.jp/　eメール:jrrc_info@jrrc.or.jp　電話:03-3401-2382 ］

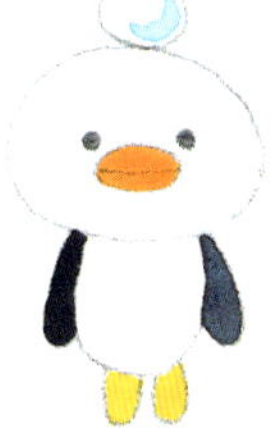

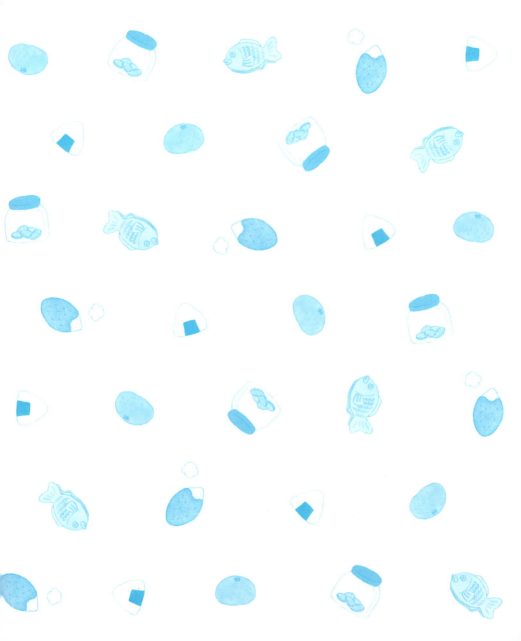